CP

W0366229

Je lis et j'écris avec Tyl et ses amis

Cahier d'exercices

Sylvain Brégardis
Professeur des écoles
Auteur des aventures de Tyl

Hubert Cabon
Conseiller pédagogique

Anne Henry
Professeur des écoles en CP
Maitre-formateur

Luc Maisonneuve
Professeur des universités
ESPE de Bretagne, CREAD
(Centre de recherche sur l'éducation, les apprentissages et la didactique)

Cet ouvrage est conforme à la nouvelle orthographe
www.orthographe-recommandee.info

Cet ouvrage est rédigé avec l'orthographe recommandée par le ministère de l'Éducation nationale

8, RUE FÉROU 75278 PARIS CEDEX 06
WWW.EDITIONS-BELIN.COM

Belin
ÉDITEUR INDÉPENDANT DEPUIS 1777

Sommaire

Période	Graphème	Phonème	Mots référents	Mots outils	Des outils pour comprendre la langue...	Page
	En route vers le CP !		les couleurs et les jours de la semaine			▶ 6
PÉRIODE 1	i, y	i	Timo • Tyl	un • son • avec	Les articles (un, une ; le, la) Nom et article (le, la)	▶ 10
PÉRIODE 1	t	t	tortue	une • de • il est		▶ 12
PÉRIODE 1	l	l	lune	la • le • et		▶ 14
PÉRIODE 1					Je révise (1)	▶ 16
PÉRIODE 1	a	a	chat	à • il va	La phrase (majuscule et point)	▶ 18
PÉRIODE 1	o	o (1)	vélo • tortue			▶ 20
PÉRIODE 1	r	r	rouge	il y a • dans		▶ 22
PÉRIODE 1					Je révise (2)	▶ 24
PÉRIODE 1	m	m	maison	sa • mon	La ponctuation des paroles (: et « »)	▶ 26
PÉRIODE 1	u	u	tortue	c'est • du		▶ 28
PÉRIODE 1	ou	ou	rouge	faire • il fait		▶ 30
PÉRIODE 2					Je révise (3)	▶ 32
PÉRIODE 2	p	p	poisson	par • les		▶ 34
PÉRIODE 2	e	e	fenêtre	sur • sous • tu es	Les indications de lieu (sous, sur, dans)	▶ 36
PÉRIODE 2	ch	ch	chat	elle • n'... pas	La négation (1)	▶ 38
PÉRIODE 2	é, er	é (1)	vélo • rocher	pour		▶ 40
PÉRIODE 2					Je révise (4)	▶ 42
PÉRIODE 2	s, ss, c	s (1)	sapin • poisson • cinq		Le *e* du féminin de l'adjectif (1)	▶ 44
PÉRIODE 2	v	v	vélo	devant • lui • mais		▶ 46
PÉRIODE 2	c, qu, k	c	école • quatre • kimono	que • qui • comme		▶ 48
PÉRIODE 2	an, en	an	maman • serpent		La négation (2)	▶ 50
PÉRIODE 2	n	n	lune	nous • ne... pas • en		▶ 52
PÉRIODE 3					Je révise (5)	▶ 54
PÉRIODE 3	on	on	hérisson			▶ 56
PÉRIODE 3	d	d	deux	des • on voit	Le *s* du pluriel (nom et adjectif) (1)	▶ 58
PÉRIODE 3	è, ê, et	è (1)	zèbre • guêpe • violet	très • près		▶ 60
PÉRIODE 3	j, g	j	jaune • rouge	plus • je	Le *-nt* du pluriel des verbes (1)	▶ 62

Le code de la propriété intellectuelle n'autorise que « les copies ou reproductions strictement réservées à l'usage privé du copiste et non destinées à une utilisation collective » [article L. 122-5] ; il autorise également les courtes citations effectuées dans un but d'exemple ou d'illustration. En revanche « toute représentation ou reproduction intégrale ou partielle, sans le consentement de l'auteur ou de ses ayants droit ou ayants cause, est illicite » [article L. 122-4]. La loi 95-4 du 3 janvier 1994 a confié au C.F.C. (Centre français de l'exploitation du droit de copie, 20, rue des Grands-Augustins, 75006 Paris), l'exclusivité de la gestion du droit de reprographie. Toute photocopie d'œuvres protégées, exécutée sans son accord préalable, constitue une contrefaçon sanctionnée par les articles 425 et suivants du Code pénal.

DANGER LE PHOTOCOPILLAGE TUE LE LIVRE

© Éditions Belin, 2015

ISBN : 978-2-7011-8316-9

PÉRIODE 3					Je révise (6)	64
	b	b	bateau	trop • au • aux		66
	au, eau	o (2)	jaune • bateau	beaucoup • chez		68
	oi	oi	poisson	il était • il avait	La catégorisation (1)	70
	ai, ei, è, ê, et	è (2)	maison • reine	jamais • j'ai		72
PÉRIODE 4					Je révise (7)	74
	er, ec, el	è (3)	serpent • bec • caramel		Le *s* du pluriel (nom et adjectif) (2)	76
	f, ph	f	fleur • photo			79
	g, gu	g	garçon • guêpe		Le *e* du féminin de l'adjectif (2)	82
	in, un	in (1)	sapin • un			85
					Je révise (8)	88
	s, z	z	maison • zèbre			90
	tr, gr, br, cr, dr, vr, pr, fr		trois • gris • zèbre	encore • sans	Les temps de l'action (passé, présent) (1)	93
	ez	é (2)	nez	vous • assez	Les temps de l'action (passé, présent, futur) (2)	96
	fl, bl, cl, pl, gl		fleur • bleu	toujours • tout • toute		99
PÉRIODE 5					Je révise (9)	102
	ette, erre, esse, elle...				Approche des substituts du nom (1)	104
	ain, ein	in (2)	main • ceinture			107
	ç	s (2)	garçon			110
	eu, œu	e	fleur • bleu • cœur • nœud		La catégorisation (2)	113
					Je révise (10)	116
	.ill., ail / aille, eil / eille...	ill	fille • paille • oreille		Les contraires des adjectifs	118
	ien, ier, ieu, iel, ion, ian				Les contraires des verbes d'action	121
	gn	gn	poignet		Le *-nt* du pluriel des verbes (2)	124
	oin	oin	pointe		Approche des substituts du nom (2)	127
	Exercices de consolidation					131

Organisation du cahier

Cet ouvrage est conforme à la nouvelle orthographe
www.orthographe-recommandee.info

- Le cahier suit la progression du manuel.
- Afin de tenir compte de l'évolution des capacités des élèves, la mise en page évolue au fur et à mesure de l'année.

Les périodes 1 à 3

Chaque leçon des périodes 1 à 3 fait l'objet de deux pages d'exercices.

Phonème et **graphèmes** étudiés

Modèles pour guider les élèves lors de la première occurrence d'un type d'exercices

Corps des textes élevé pour faciliter la lecture au début d'année

Renvoi aux pages correspondantes du manuel

Double lignage pour faciliter l'écriture de syllabes et de mots

Seyès pour les exercices de production d'écrit

Les périodes 4 à 5

Chaque leçon des périodes 4 et 5 fait l'objet de trois pages d'exercices.

Nouvelle relation graphie-phonie étudiée avec un rappel des graphies déjà vues

Corps des textes réduit pour amener les élèves vers le CE1

Exemples pour guider la réalisation de certains exercices

Lignes simples pour écrire

Les pages Révision

À chaque double page du manuel correspond une double page d'exercices de révision.

Double page de révision
du **début de la période 2** … et du **début de la période 4**

Les exercices de consolidation

47 exercices de consolidation sont proposés en fin de fichier.
Ils suivent la progression du manuel.

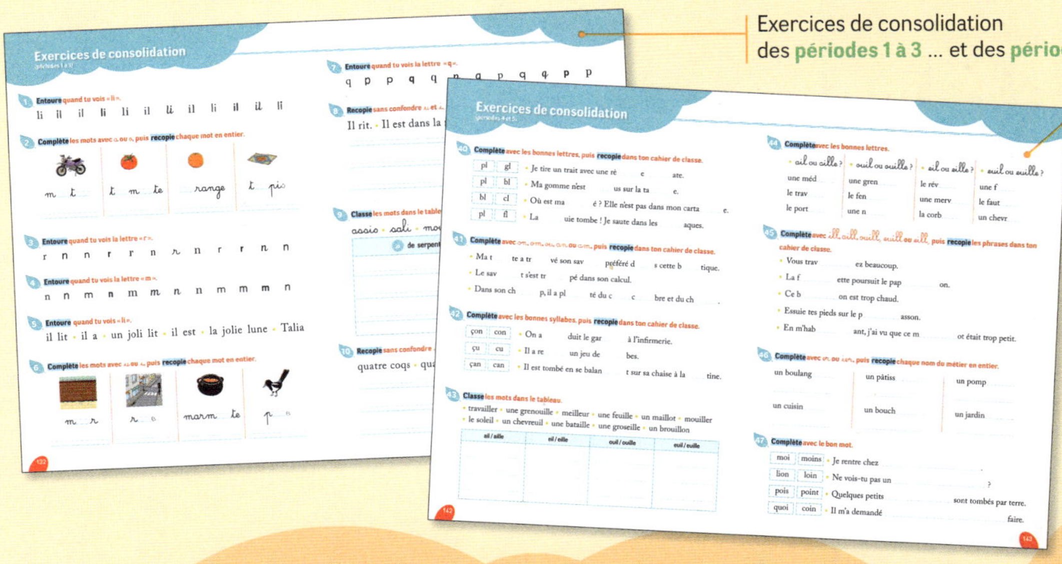

Exercices de consolidation
des **périodes 1 à 3** … et des **périodes 4 à 5**

Les codages couleur et les logos

Tous les exercices du fichier font l'objet d'un codage couleur :

- les exercices roses → la phonologie
- les exercices bleus → l'association entre les graphèmes et les phonèmes
- les exercices orange → l'étude de la langue
- les exercices verts → la compréhension des textes du manuel
- les exercices violets → l'écriture

Ce logo signale des exercices qui nécessitent une recherche s'appuyant sur **les mots repères** affichés dans la classe ou sur **des mots connus des élèves**. Ils proposent souvent des mots qui **anticipent** sur des relations graphophonologiques à venir.

Ce logo indique que les élèves peuvent se servir de la boîte « **Des mots pour écrire** » pour faire l'exercice concerné.

En route vers le CP !

1 **Colorie** chaque tache selon la couleur indiquée.

violet	rouge	rose	noir	rouge
vert	gris	bleu	jaune	vert
bleu	noir	orange	marron	blanc
jaune	violet	blanc	rose	gris

2 **Entoure** les lettres dictées.

B G U C W F K

E Z I H T V

M Q A X J D S

P Y N O L R

3 **Relie** quand tu entends la même syllabe au début du mot.

mardi — samedi — rouge — vendredi

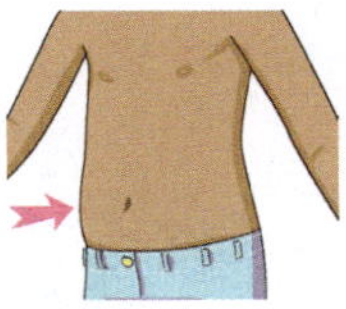

4 **Trace** une vague sous la syllabe di.

lundi — mardi — mercredi — jeudi

vendredi — samedi — dimanche

5 **Cherche** et observe pour compléter des mots.

melon

samedi

_ _ manche

_ _ pin

En route vers le CP !

1 **Relie** les lettres de l'alphabet dans l'ordre.

2 **Relie** quand tu entends le même son au début du mot.

samedi | rouge | jaune | vendredi

3 **Relie** quand tu entends la même syllabe à la fin du mot.

rouge | marron | dimanche | noir

4 **Trace** les vagues sous les syllabes.

p a p a   m a m a n

b é b é   l u n d i

5 **Cherche** et **observe** pour compléter des mots.

vendre__   __ __dame

mardi   maman

__ __ __mite   __ __teau

6 **Utilise** des syllabes pour **écrire** des mots.

salade   sapin   maman   rouge

Le la

i

i I *i* *I* — y Y *y* *Y*

1 **Entoure** le dessin quand tu entends i.

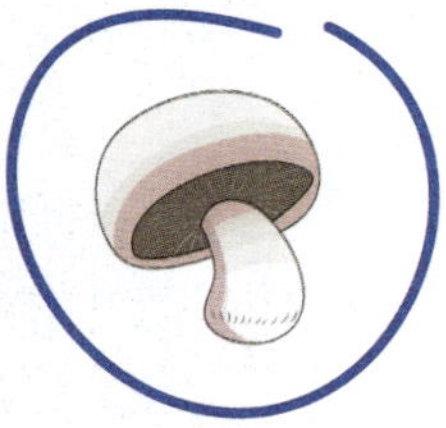

2 **Colorie** le nombre de syllabes que tu entends dans le mot.

3 **Entoure** ce que tu entends.

T y l j o u e a v e c s o n a m i .

4 **Cherche** et **observe** pour reconstruire des mots.

de la sa

salade

mo Ti

ge o ran

Manuel pages 12 et 13

5 **Entoure** la syllabe que tu entends dans les deux mots, puis écris-la.

sapin salade

sa

tigre tipi

6 **Écris** les lettres et les syllabes dictées.

7 **Observe** l'exemple, puis **écris** deux autres phrases.

Exemple

Cyl joue avec son ami.

Cyl joue avec

Papa joue avec

8 **Écris** tout seul.

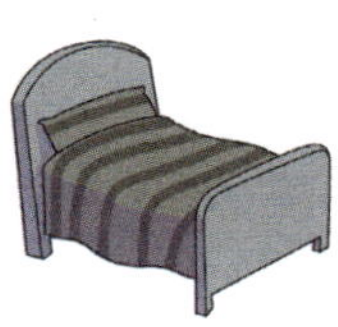

t — t T t T

1 **Entoure** le dessin quand tu entends t.

   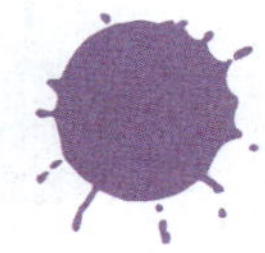

2 **Colorie** le nombre de syllabes que tu entends dans le mot.

 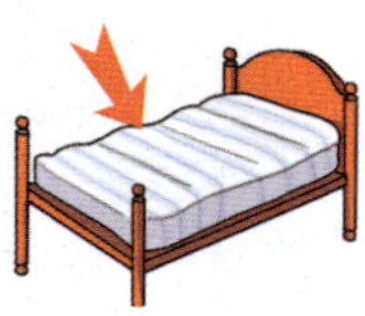  

3 **Entoure** ce que tu entends.

Talia est une amie de Tyl.

4 **Cherche** et **observe** pour compléter des mots.

tipi

 _ _ _ _ e

mardi

 t _ _ te

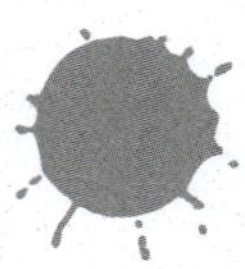 gris

5 Cherche et observe pour reconstruire des mots.

ge rou | to mo | re tu voi | ta lon pan

6 Complète avec *un* ou *une*.

____ tortue

____ voiture

____ marteau

____ pie

____ moto

____ nid

7 Observe l'exemple, puis écris deux autres phrases.

Exemple

Talia a une tortue.

Maman a

a

8 Écris tout seul.

l — l L *l L*

1 **Entoure** le dessin quand tu entends l.

2 **Colorie** le nombre de syllabes que tu entends dans le mot.

3 **Entoure** ce que tu entends.

T y l a u n j o l i c a r t a b l e .

4 **Cherche** et **observe** pour reconstruire des mots.

lo vé

car ble ta

ne jau

Manuel pages 16 et 17

5 **Écris** les lettres et les syllabes dictées.

6 **Complète** avec la ou le.

_____ table

_____ lit

_____ fleur

_____ lune

_____ nid

_____ bébé

7 **Observe** l'exemple, puis **écris** deux autres phrases.

Exemple

Tyl a un vélo et un cartable.

_____ a _____ et _____

8 **Écris** tout seul.

Je révise (1)

1 **Entoure** les lettres dictées.

R h A l f K j d m p F

c o t I v b u G q n E

2 **Entoure** les syllabes dictées.

le tu te ta li la lu ti

3 **Trace** des vagues sous les syllabes et entoure ce que tu entends.

L'ami de Talia a un joli cartable.

4 **Cherche** et **observe** pour reconstruire des mots.

de la sa

lu ne

tue tor

5 **Écris** les syllabes et les mots dictés.

6 **Complète** avec *un* ou *une*.

______ table

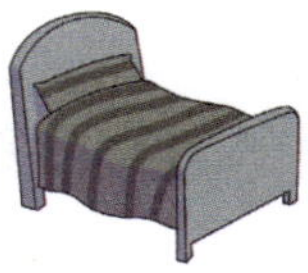
______ lit

______ fleur

7 **Complète** avec *le* ou *la*.

______ pie

______ voiture

______ marteau

8 **Relie** chaque phrase à la bonne illustration.

Talia a une jolie tortue. •

Tyl va à vélo. •

La voiture est rouge et noire. •

• 

• 

• 

9 **Fais** le point sur l'histoire : **écris** la bonne réponse.

 Tyl

 Timo

 Talia

- Qui a une tortue ? ______
- Qui joue avec Tyl ? ______
- Qui a un joli vélo ? ______
- Qui est l'amie de Tyl ? ______

a A a A

1 **Coche** les cases des syllabes où tu entends a.

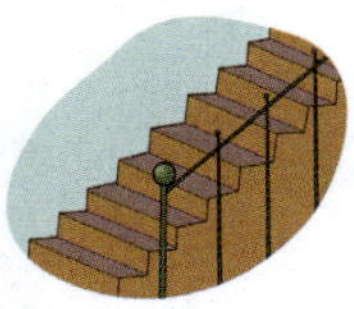

2 **Trace** des vagues sous les syllabes et **entoure** ce que tu entends.

T y l a r r i v e a v a n t T a l i a .

3 **Cherche** et **observe** pour compléter des mots.

cartable

rat

_ _ _ t _

son

_ _ _ _ o

mardi

4 **Complète** les mots avec la bonne syllabe.

la sa ra	la sa ta	ra sa ta
	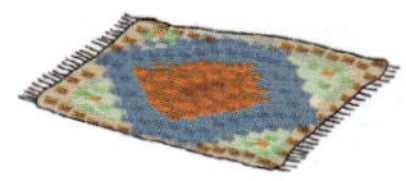	
____ pin	____ pis	car ____ ble

5 **Écris** les lettres et les syllabes dictées.

6 **Lis** les phrases et **complète** par V (vrai), F (faux) ou X (on ne peut pas savoir).

- Talia arrive à l'école avant Tyl. ......
- Tyl arrive à l'école avant Timo. ......
- Timo arrive à l'école avant Talia. ......

7 **Mets** les points pour faire des phrases.

Le chat joue Timo joue Tyl joue avec Talia

8 **Observe** l'exemple, puis **écris** deux autres phrases.

Exemple

Le cartable de Talia est noir.

Le de est noir.

9 **Écris** tout seul.

o O o O

1 **Coche** les cases des syllabes où tu entends o.

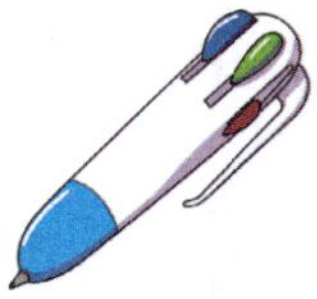

2 **Trace** des vagues sous les syllabes et **entoure** ce que tu entends.

T a l i a   p o r t e   u n   s a c   e t
s a   t o r t u e .

3 **Complète** les mots avec la bonne syllabe.

to	lo

_____ comotive

_____ mate

vé _____

lo _____

4 **Écris** les lettres et les syllabes dictées.

5 **Entoure** la syllabe que tu entends dans les deux mots, puis **écris**-la.

moto

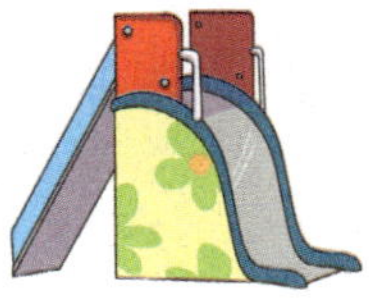
toboggan

vélo

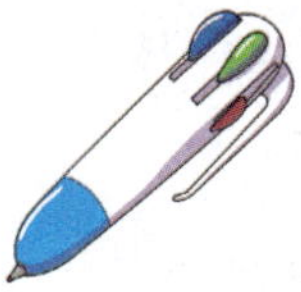
stylo

6 **Entoure** le dessin qui va avec la phrase.

- Talia a un sac à dos et une tortue.

7 **Invente** des phrases avec les mots suivants.

Timo	Papa	tortue	porte	vélo

porte sa tortue.

porte son

porte la

r — r R 𝓇 ℛ

1 **Coche** les cases des syllabes où tu entends r.

2 **Trace** des vagues sous les syllabes et **entoure** ce que tu entends.

L e s a m i s d e T y l a r r i v e n t .

3 **Cherche** et **observe** pour compléter des mots.

 marron

 r ___ ___ ___

de

 rouge

 ___ ___ ___ ___

 porte

4 **Complète** les mots avec la bonne syllabe.

ro / or / mo	or / ro / bo	ro / ra / ar	ra / or / ar

trés ____	____ bot	____ quette	____ doise

Manuel pages 24 et 25

5 **Relie** pour reconstituer l'histoire.

Les amis de Tyl arrivent •

• dans la tour de l'école.
• dans la cour de l'école.

Le maitre •

• ouvre la porte.
• trouve une porte.

6 **Entoure** la phrase qui correspond à l'histoire.

- Le maitre ouvre l'école.
- Tyl ouvre la porte.
- Le maitre ouvre la porte.

7 **Observe** l'exemple, puis **écris** deux autres phrases.

Exemple

Il y a une voiture dans la cour.

Il y a dans

8 **Écris** tout seul.

Je révise (2)

1 **Entoure** les lettres dictées.

t b a e p q r d j o

m n C F G L S U V

2 **Entoure** les syllabes dictées.

ri ar ra lo to ta ro or li

3 **Trace** des vagues sous les syllabes et entoure ce que tu entends.

Le maitre arrive à l'école avant Timo.

4 **Complète** les mots avec la bonne syllabe, puis recopie chaque mot en entier.

ro or to

____ be

at ta to

____ pis

ro ra ar

____ dis

lo ti to

____ comotive

5 **Écris** les syllabes et les mots dictés.

6 **Mets** les points pour faire des phrases.

Le maitre ouvre la porte Le vélo de Tyl
est dans la cour Tyl joue avec Talia

7 **Relie** chaque phrase à la bonne illustration.

Talia porte un sac à dos et une tortue. •

Le vélo de Tyl est dans la cour de l'école. •

Il y a les amis de Tyl dans la cour. •

• 

• 

• 

8 **Fais** le point sur l'histoire : **écris** la bonne réponse.

 Tyl  Timo  Talia  le maitre

- Qui va à l'école ? ______
- Qui ouvre la porte ? ______
- Qui arrive à l'école avant Timo et Talia ? ______

9 **Observe** l'exemple, puis **écris** deux autres phrases.

Exemple

La voiture de papa est orange.

La ______ de ______ est ______

m   m M   m M

1 **Coche** les cases des syllabes où tu entends m.

2 **Trace** des vagues sous les syllabes et **entoure** ce que tu entends.

L o u p   e s t   d a n s   l a   m a i s o n

a v e c   s a   m a m a n .

3 **Complète** les mots avec la bonne syllabe.

mo	ma	mar	mi

_____ mie

mar _____ te

_____ teau

to _____ te

4 **Écris** les lettres et les syllabes dictées.

5 **Complète** les phrases avec les bons mots.

un / une — la / le

Il y a ______ loup dans ______ maison.

avec / dans — sa / ma

Loup va lire ______ la maison avec ______ maman.

6 **Entoure** la phrase qui va avec l'image.

- Le loup mange avec sa maman.
- Le maitre mange avec sa maman.
- Le loup mange avec son papa et sa maman.

7 **Invente** des phrases avec les mots suivants.

maison — marmite — loup — tomate — maman

Le ______ mange une ______

La ______ est dans la ______

u U *u U*

1 **Coche** les cases des syllabes où tu entends u.

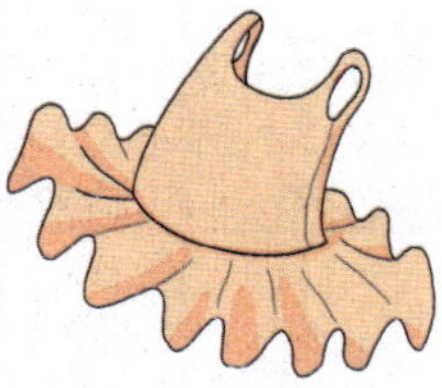

2 **Trace** des vagues sous les syllabes et **entoure** ce que tu entends.

T i m o e s t d a n s l a l u n e .

3 **Cherche** et **observe** pour compléter des mots.

tortue

chat

___ ___ *li* ___ ___

ru ___ *e*

jupe

4 **Complète** les mots avec la bonne syllabe, puis **recopie** chaque mot en entier.

ti	*lu*	*tu*

___ *ge*

confi ___ *re*

___ *gre*

5 **Écris** les lettres et les syllabes dictées.

6 Qui est dans la lune ? **Entoure** la bonne réponse.

Tyl Timo le maitre le loup

7 **Entoure** la phrase qui a le même sens que la phrase surlignée.

Timo est dans la lune. Le maitre **l'**a vu.

- Timo a vu la lune.
- La lune a vu Timo.
- Timo a vu le maitre.
- Le maitre a vu Timo.

8 **Observe** l'exemple, puis **écris** deux autres phrases.

Exemple

Tyl a lu : « C'est le chat. »

Talia a lu : «

9 **Écris** tout seul.

ou
ou *ou*

1 **Coche** les cases des syllabes où tu entends ou.

 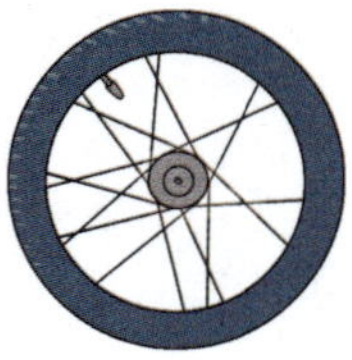   

2 **Trace** des vagues sous les syllabes et **entoure** ce que tu entends.

L e s   f o u r m i s   c o u r e n t   p a r t o u t .

3 **Complète** les mots avec les bonnes syllabes.

mou	lou	rou	gou

_____ lin   kan _____   _____ pe

4 **Entoure** la syllabe que tu entends dans les deux mots, puis **écris**-la.

matou   toupie

kangourou   roulotte

Manuel pages 32 et 33

5 **Lis** les phrases et **complète** par V (vrai), F (faux) ou ✗ (on ne peut pas savoir).

- Loup fait la course. ......
- Loup fait ses courses. ......
- Loup a un ami. ......
- Loup court dans la cour. ......

6 **Trouve** la phrase qui va avec l'image et **recopie**-la.

- Une fourmi rouge court partout.
- Quatre fourmis courent partout.
- Quatre loups courent dans la cour.

7 **Invente** des phrases avec les mots suivants.

loup	fourmi	cour	tortue	mouton

La .... rouge joue dans la ....

Le .... fait la course avec la ....

Je révise (3)

1 **Entoure** les lettres dictées.

n m f h q p r k d b v

2 **Entoure** les syllabes dictées.

rou lou lu ru tu tou mu

mur mou four fu lou lu rou

3 **Trace** des vagues sous les syllabes et entoure ce que tu entends.

Le loup est venu lire dans la maison.

4 **Complète** les mots avec la bonne syllabe, puis **recopie** chaque mot en entier.

la	mi	ru	tou

…me

four…

…pie

…che

5 **Écris** les syllabes et les mots dictés.

6 **Classe** les mots dans le tableau quand c'est possible. **Barre** les intrus.

• mur • tomate • rouge • Tyl • marmite
• vélo • maison • un • une

J'entends u	J'entends i	J'entends o	J'entends a

7 **Entoure** ce que dit papa.

Papa dit : « Le chat est dans la maison. »

8 **Fais** le point sur l'histoire : **écris** la bonne réponse.

• Qui fait lire Tyl, Talia et Timo ?
• Qui est dans la lune ?
• Qui fait ses courses dans la cour de l'école ?
• Qui a vu le loup dans la cour ?

9 **Observe** l'exemple, puis **écris** deux autres phrases.

Exemple

C'est le chat de Tyl.

C'est

C'est

p

p P *p P*

1 **Entoure** le dessin quand tu entends p.

  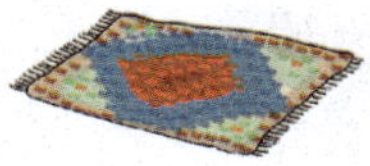  

2 **Trace** des vagues sous les syllabes et **entoure** ce que tu entends.

Le loup repart avec son panier.

3 **Cherche** et **observe** pour compléter des mots.

poisson *maman* *Calia*

un pan

4 **Complète** les mots avec la bonne syllabe, puis **recopie** chaque mot en entier.

pa *pe* *pu* *po*

rasol *tiron* *luche* *ma*

5 **Entoure** le bon mot pour compléter chaque phrase.

- Les petits amis sortent / portent dans la cour.
- Le loup repart avec / dans son panier.

6 **Complète** chaque phrase avec la bonne étiquette.

Tyl	Le loup

.... pousse la porte.

.... sort dans la cour.

.... part de l'école.

7 **Complète** les phrases avec des mots que tu connais.

Loup porte ....

Maman porte ....

.... porte ....

8 **Écris** tout seul.

e eE e E

1 **Coche** les cases des syllabes où tu entends e.

2 **Trace** des vagues sous les syllabes et **entoure** ce que tu entends.

La petite chenille a disparu.

3 **Cherche** et **observe** pour reconstruire des mots.

nard re | val che | fe tre nê | pe lu che

4 **Écris** les mots à l'aide des syllabes suivantes.

me | ma | mou | re | ra | le

5 **Écris** les lettres et les syllabes dictées.

6 **Complète** avec *sur*, *sous* ou *dans*.

7 **Entoure** les bons mots pour compléter chaque phrase.

- Talia (se / me) demande ce que (sa / ta) chenille est devenue.
- (Le / La) petite chenille (du / de) Talia (a / la) disparu.

8 **Recopie** la phrase qui va avec le dessin.

- *Le chat est sur la voiture.*
- *Le chat est sous la voiture.*
- *Le chat est dans la voiture.*

9 **Invente** des phrases avec les mots suivants.

chenille	cheval	vache	salade	cour

- *La* .... *a disparu sous la* ....
- *Le* .... *est dans la* ....

ch
ch *ch*

1 **Entoure** le dessin quand tu entends ch.

2 **Trace** des vagues sous les syllabes et **entoure** ce que tu entends.

Elle cherche son chat partout.

3 **Cherche** et **observe** pour compléter des mots.

mardi *chenille* *sapin*

Il ______ *sur le* ______

4 **Complète** les mots avec la bonne syllabe, puis **recopie** chaque mot en entier.

cho	cha	che	char

______ *peau* | *é* ______ *pe* | ______ *minée* | ______ *colat*

5 **Entoure** les bons mots pour compléter chaque phrase.

- La chenille doit se casser. / cacher.
- Aucune / Chacune de ses cassettes / cachettes est vide.

6 **Entoure** la phrase qui correspond à l'histoire.

- La chenille cherche partout.
- Les cachettes de la chenille sont vides.
- La chenille est dans sa cachette.

7 

Complète les phrases avec des mots que tu connais.

Tom cherche son chien. Il n'est pas

Marie cherche

8 **Écris** tout seul.

é é é — er er

1 **Coche** les cases des syllabes où tu entends é.

2 **Trace** des vagues sous les syllabes et **entoure** ce que tu entends.

Ils vont jouer dans le pré.

3 **Cherche** et **observe** pour reconstruire des mots.

é le toi	té lé	cher ro	che née mi

4 **Complète** les mots avec la bonne syllabe, puis **recopie** chaque mot en entier.

é — pé — lé — té

cana ______

______ phant

______ phone

5 **Lis** les phrases et **complète** par V (vrai), F (faux) ou ✗ (on ne peut pas savoir).

- La journée d'école est terminée. ......
- Tyl rentre par le pré. ......
- Timo rentre par le pré. ......
- Tyl rentre à vélo. ......
- Talia joue dans le pré. ......

6 De qui parle-t-on ? **Relie** ce qui va ensemble.

? joue dans le pré •	• Timo
? rentre à vélo •	• Tyl
	• Talia

7 **Invente** des phrases avec les mots suivants.

voiture | vélo | rocher | maitre | fée

Le .... rentre avec son ....

La .... se cache sous la ....

8 **Écris** tout seul.

Je révise (4)

1 **Coche** en noir la case de la syllabe où tu entends é et en bleu celle où tu entends p.

2 **Entoure** les syllabes dictées.

pou che pré pru chou pour char tré pu

3 **Trace** des vagues sous les syllabes et **entoure** ce que tu entends.

Le loup cherche son panier dans le pré.

4 **Complète** les mots avec la bonne syllabe, puis **recopie** chaque mot en entier.

cho | pée | cher | che

mou ______

______ colat

pou ______

ro ______

5 **Écris** les syllabes et les mots dictés.

6 **Entoure** la phrase qui va avec le dessin.

- Le chat est dans le lit.
- Le chat est sur le lit.
- Le chat est sous le lit.

7 **Entoure** les bons mots pour compléter chaque phrase.

- Talia cherche / chasse sa tortue dans la cour. / pré.
- Tyl rentre de l'école en voiture. / vélo.

8 **Fais** le point sur l'histoire : **entoure** les bonnes réponses.

→ Où Talia cherche-t-elle sa chenille ?
- dans le pré
- dans la cour
- dans la classe

→ Qui joue dans le pré ?
- Tyl
- le maitre d'école
- les amis de Tyl

→ Où le loup est-il venu ?
- dans la classe
- dans la cour
- dans le pré

→ Qui cherche sa chenille ?
- Timo
- le loup
- Talia

9 **Complète** les phrases avec des mots que tu connais.

Le chien joue sur

Talia porte

S

s S *s S* | ss *ss* | c C *c C*

1 Dans chaque série, **entoure** les dessins des mots qui ont une syllabe commune.

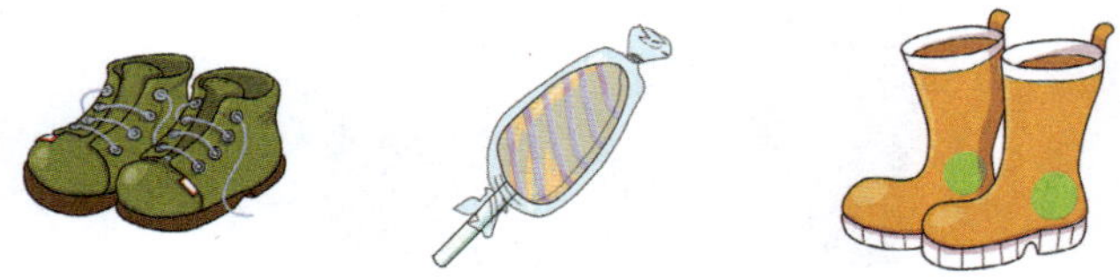

2 **Trace** des vagues sous les syllabes et **entoure** ce que tu entends.

un pansement • une blessure • un poisson • un poussin

3 **Cherche** et **observe** pour compléter des mots.

sac *poisson* *rouge* *école*

Une ....

4 **Écris** les mots à l'aide des syllabes suivantes.

ce	ris	sou	pe	pou

5 **Entoure** les bons mots pour compléter chaque phrase.

- La souris est < vert. / verte.
- Le poisson < blessé / blessée > a une < petit / petite > blessure.

6 **Mets** une croix dans les bonnes cases.

	C'est dans le texte	C'est dans l'image
Timo a vu une souris blessée.	✗	
Timo porte la souris.		
Talia attache un pansement.		
Talia décide de soigner la souris.		

7 **Invente** un texte avec les mots que tu connais.

Le lundi, je mange

Le mardi, je mange

Le mercredi,

Le

Le

Le

Le dimanche,

v

v V v V

1 **Coche** les cases des syllabes où tu entends v.

2 **Trace** des vagues sous les syllabes et **entoure** ce que tu entends.

La souris s'en va vite sans lui dire merci.

3 **Cherche** et **observe** pour reconstruire des mots.

sa von	can vol	tu re voi	ra va ca ne

4 **Écris** les mots à l'aide des syllabes suivantes.

cat	a	li	o	vo	ve

5 **Écris** les syllabes et les mots dictés.

6 **Coche** la phrase qui a le même sens que la phrase du texte.

- Mais la souris s'en va sans **lui** dire merci.

☐ La souris s'en va sans dire merci à Timo.

☐ La souris s'en va sans dire merci à Talia.

☐ La souris s'en va et se cache dans son trou.

7 **Réponds** à la question suivante.

- Qui est sauvée par Talia ?

8 **Recopie** la phrase qui va avec le dessin.

- La fourmi est en voiture.
- La fourmi est à vélo.
- La fourmi marche.

9 **Invente** trois phrases avec les mots suivants.

maitre	chemin	avion	porte	valise

Le ... ouvre la ...

L' ... se pose sur le ...

c c C c C   qu qu   k K k K

1 Dans chaque série, **entoure** les dessins des mots qui ont une syllabe commune.

4   15   14

2 **Trace** des vagues sous les syllabes et **entoure** ce que tu entends.

Il voit bien que sa copine est en colère.

3 **Cherche** et **observe** pour reconstruire des mots.

ge ca

______

ki mo no

______

co lo mo ti ve

______

4 **Complète** les mots avec la bonne syllabe, puis **recopie** chaque mot en entier.

ca   cou   que

mousti______

______

cas______

______

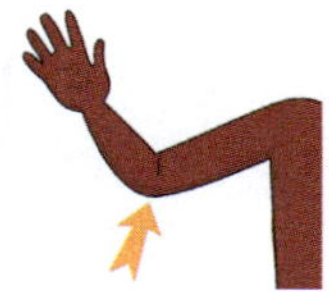

______de

______

______mion

______

5 **Lis** les phrases et **complète** par V (vrai), F (faux) ou ✗ (on ne peut pas savoir).

- Le pansement fait mal à la souris. ......
- Talia court se cacher. ......
- Talia cache sa colère. ......
- La souris court se cacher. ......
- La souris est en colère. ......

6 De qui parle-t-on ? **Relie** ce qui va ensemble.

Elle reste calme. •	
Elle court vite. •	• La souris
Elle cache sa colère. •	• Talia
Elle va dans sa cachette. •	

7 **Observe** le modèle, puis invente la suite avec des mots que tu connais.

La clé est plus petite que le sac.

Le sac est plus petit que

8 **Écris** tout seul.

an

an *an* | en *en*

1 **Coche** les cases des syllabes où tu entends an.

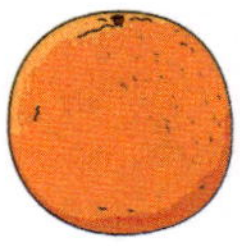

40

2 **Trace** des vagues sous les syllabes et **entoure** ce que tu entends.

En montrant la souris, il dit : « Attends ».

3 **Complète** les mots avec la bonne syllabe, puis **recopie** chaque mot en entier.

chan | *men* | *ven* | *ran*

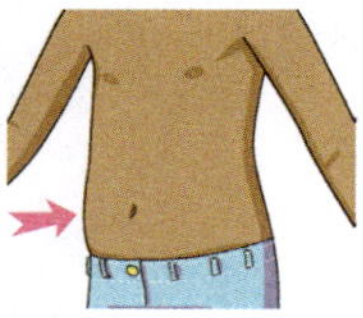

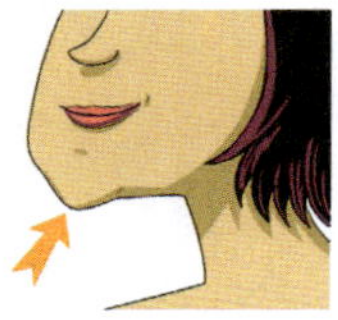

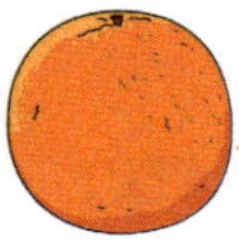

_____ tre | *_____ ton* | *o _____ ge* | *il _____ te*

4 **Classe** les mots dans le tableau. Entoure la lettre qui vient après *em* ou *am*.

• *lampe* • *ventre* • *danse* • *température* • *ampoule*
• *chanter* • *vent* • *tempête*

Je vois *en* ou *em*	Je vois *an* ou *am*

5 **Écris** une phrase avec *n'est… pas.*

Il est en colère.

6 **Mets** une croix dans les bonnes cases.

	C'est dans le texte	C'est dans l'image
Talia n'est pas contente.		
Talia montre la souris.		
La souris fait un signe.		
Timo dit : « Attends ! »		

7 **Entoure** les phrases qui correspondent à l'histoire.

- Talia n'est pas contente.
- Timo montre la souris.
- Talia dit merci.
- Talia est contente.

8 **Invente** trois phrases avec les mots suivants.

maison	pantalon	trou	court	pansement

La fourmi … avec son

La souris se cache dans sa

n — n N *n* *N*

1 Dans chaque série, **entoure** les dessins des mots qui ont une syllabe commune.

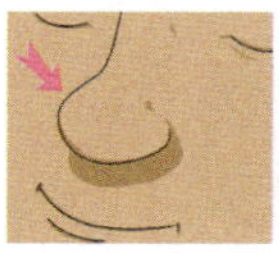

2 **Trace** des vagues sous les syllabes et **entoure** ce que tu entends.

Ne trainons pas, nous sommes en retard.

3 **Cherche** et **observe** pour compléter des mots.

copine   *maman*   *tortue*

Une _ _ _ _ _ _

4 **Complète** les mots avec la bonne syllabe, puis **recopie** chaque mot en entier.

na	*nu*	*ne*

_____ *age*

_____

ca _____ *pé*

_____

ba _____ *ne*

_____

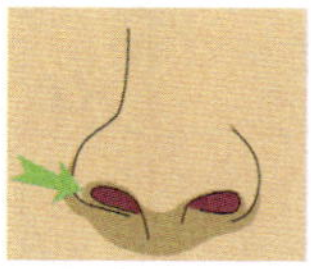
_____ *ri* _____

_____

5 **Complète les mots avec la syllabe manquante.**

 un ______ telas

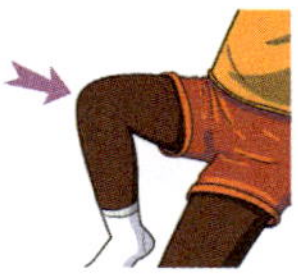 un ge ______

 il ______ ge

 un ______ lin

6 **Écris une phrase avec *ne… pas*.**

Exemple

Talia sourit à Timo. ⟶ Talia ne sourit pas à Timo.

- *Talia retourne au village.*

____

- *Le nuage cache la lune.*

____

7 **De qui parle-t-on ? Relie ce qui va ensemble.**

Elle a retrouvé sa bonne humeur. •	• Talia
Nous sommes en retard. •	• Timo et Talia
Ils retournent au village. •	• Timo
Elle est étonnée. •	

8 **Écris tout seul.**

____

Je révise (5)

1 **Coche** les cases des syllabes où tu entends **s**.

 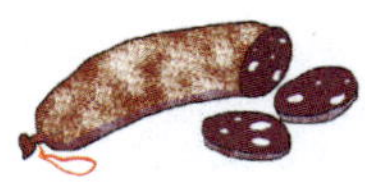  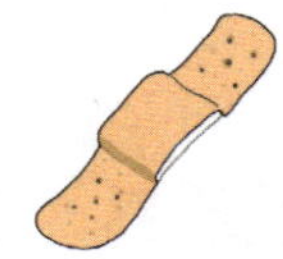

2 **Coche** les cases des syllabes où tu entends **c**.

3 **Trace** des vagues sous les syllabes et **entoure** ce que tu entends.

La souris va se cacher dans la cave.

4 **Écris** les mots à l'aide des syllabes suivantes.

| o | pe | val | ge | ran | ca | che |

5 **Écris** les syllabes et les mots dictés.

6 **Écris** une phrase avec *n'est pas*.

La pie est dans son nid.

7 **Mets** les points pour faire des phrases.

Samy a son sac Il attend sa maman pour partir Maman arrive avec du chocolat

8 **Écris** les mots de la phrase dans l'ordre. N'oublie pas le point !

La	pré	vache	le	dans	est

9 **Fais** le point sur l'histoire : **entoure** les bonnes réponses.

→ Qui est en colère ?

• Timo • le maitre d'école • Talia

→ Pourquoi Talia n'est-elle pas contente ? Parce que la souris :

• est blessée • est soignée • ne lui dit pas merci

→ Quand la souris fait-elle signe à Talia ?

• dans la cour • le matin • avant d'entrer dans son trou

10 Pourquoi Talia retrouve-t-elle sa bonne humeur ? **Raconte**.

on on

1 **Coche** les cases des syllabes où tu entends on.

2 **Trace** des vagues sous les syllabes et **entoure** ce que tu entends.

un hérisson • le guidon • onze cachettes sombres

3 **Construis** des mots et écris-les.

r		de
t	on	pe
p	om	bre
tr		be

4 **Classe** les mots dans le tableau. **Entoure** la lettre qui suit om.

• pompier • mouton • fonte • sombre • concombre

Je vois on	Je vois om

5 **Numérote** les phrases dans l'ordre de l'histoire.

- [ ] Le hérisson sort de sa maison.
- [ ] Tyl tombe.
- [ ] « Non ! » crie le hérisson.
- [1] Tyl traverse le pont.
- [ ] Tyl tourne son guidon.

6 **Invente** des phrases avec les mots suivants.

camion | pont | hérisson | maison | route

Le ______ tourne devant la ______

Le ______ traverse la ______

7 **Écris** une histoire.

Tyl tombe.

Le hérisson

d — d D d D

1 **Dans** chaque série, **entoure** les dessins des mots qui ont une syllabe commune.

2 **Trace** des vagues sous les syllabes et **entoure** ce que tu entends.

Tout le monde rit. • des ronces vertes • depuis

3 **Cherche** et **observe** pour compléter des mots.

drapeau   gris   poisson

cache   deux   cravate

Le ____________ du f____

4 **Cherche** et **observe** pour reconstruire des mots.

no mi do | la de ma | sol dat | le pé da

______ | ______ | ______ | ______

5 **Observe** et **écris** au pluriel.

Singulier	Pluriel
 la ronce verte	 les ronces vertes
le dé vert	les
la dent blanche	
un vélo cassé	des
une pédale cassée	

6 **Mets** une croix dans les bonnes cases.

	C'est dans le texte	C'est dans l'image
La pédale du vélo est cassée.		
Les ronces ont gardé des morceaux du pantalon de Tyl.		
Tyl voit des étoiles.		
Tout le monde rit.		

7 **Invente** un texte avec des mots que tu connais.

J'ai un melon jaune,

deux tomates rouges,

trois

quatre

cinq

è

è è — ê ê — et et

1 **Coche** les cases des syllabes où tu entends è.

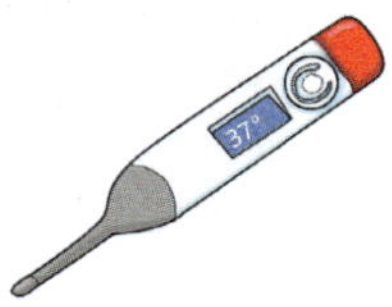    

2 **Trace** des vagues sous les syllabes et **entoure** ce que tu entends.

L e z è b r e b o i t l ' e a u d e l a r i v i è r e .

3 **Écris** les mots à l'aide des syllabes suivantes.

ri	rêt	é	viè	re	lè	ve	fo

4 **Trouve** la syllabe du mot qui contient è, puis écris-la avec la bonne graphie.

è	ê	et
 chè		
	 t	

Manuel pages 66 et 67

5 **Colorie** ce qui est encadré de la bonne couleur.

Près de la rivière, Tyl rencontre Zya, une élève de sa classe.
C'est une Elfe-de-l'eau mais elle aime les bêtes de la forêt.
« Tu rêves ? » demande Tyl.

6 **Invente** des phrases avec les mots suivants.

sorcière	zèbre	guêpe	loup	chêne

Le ………… court derrière la …………

Le ………… se cache derrière le …………

7 **Écris** une histoire.

Une guêpe entre dans la maison.

La sorcière lève sa baguette.

j

jJ *j* *J* — gG *g* *G*

1 Dans chaque série, **entoure** les dessins des mots qui ont une syllabe commune.

    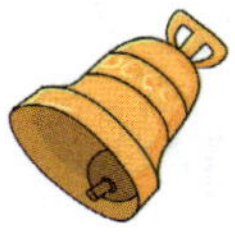 

2 **Trace** des vagues sous les syllabes et **entoure** ce que tu entends.

les trois plus jeunes • chuchoter

3 **Trouve** la syllabe du mot qui contient j, puis écris-la avec la bonne graphie.

j

 ____________

 ____________

g

 ____________

 ____________

4 **Écris** les mots à l'aide des syllabes suivantes.

nal	ja	py	jour	ge	ma	nou

 ____________

 ____________

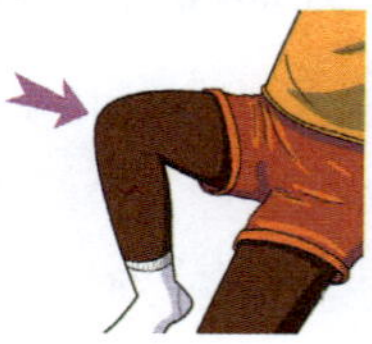 ____________

Manuel pages 68 et 69

5 **Observe et écris au pluriel.**

Singulier	Pluriel
 la fourmi joue	 les fourmis jouent
le poisson nage	les …………
l'enfant crie	les …………
une dent bouge	des …………
elle s'agite	elles s' …………

6 **Entoure les phrases qui correspondent à l'histoire.**

- Le courant pousse la branche.
- Les fourmis savent nager.
- Les fourmis poussent la branche.
- Les fourmis ne savent pas nager.
- Trois fourmis jouent sur une branche.
- Une fourmi joue sur une branche.

7 **Écris tout seul.**

Je révise (6)

1 Dans chaque série, **entoure** les dessins des mots qui ont une syllabe commune.

   |  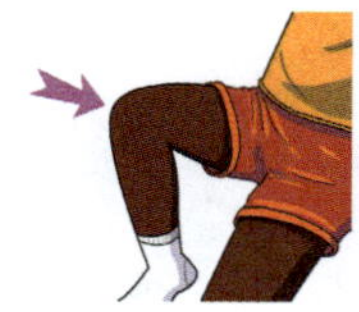 

   |   

2 **Trace** des vagues sous les syllabes et **entoure** ce que tu entends.

L é o n j o u e a u x d o m i n o s a v e c S i m o n .

3 **Cherche** et **observe** pour reconstruire des mots.

nè ma ge	ci ma né	cro le di co	le pé da

______	______	______	______

4 **Écris** chaque mot outil au bon endroit.

c'est | mais | je | qui | nous | et

- « ______ vois arriver des guêpes jaunes ______ noires, ______ partons. » dit papa.
- Il fait sombre ______ on voit encore : ______ un zèbre ______ traverse la rivière.

5 **Observe** et **écris** au pluriel.

Singulier	Pluriel
Le canard nage.	Les canards nagent.
Le chat s'agite.	Les
Le hérisson joue.	Les
La mouche vole.	Les
Il porte un sac.	Ils

6 **Fais** le point sur l'histoire : **entoure** les bonnes réponses.

→ Pourquoi Tyl tombe-t-il de vélo ? Parce que :

- un hérisson a traversé le pont
- une tortue a traversé le pont

→ Quand Tyl tombe-t-il de vélo ?

- à midi
- l'après-midi
- le soir

→ Pourquoi Tyl n'est pas content ? Parce que :

- tout le monde rit
- son vélo est cassé
- son pantalon est déchiré

7 **Invente** des phrases avec les mots suivants.

élèves	loup	pont	sorcière	marchent	cour

Le .... marche sur le ....

Les .... jouent dans la ....

La .... vole sur son balai.

b

b B *b B*

1 Dans chaque série, **entoure** les dessins des mots qui ont une syllabe commune.

2 **Trace** des vagues sous les syllabes et **entoure** ce que tu entends.

L e d r ô l e d e b a t e a u l ' e m p o r t e .

3 **Cherche** et **observe** pour reconstruire des mots.

chon bou	*ba ne ca*	*bu am lan ce*
____________	____________	____________

4 **Recopie** sans confondre *b* et *d*.

- Le bébé est malade. Il n'a pas bu de biberon à midi.

____

____

5 **Complète** chaque mot avec *b* et *p*.

une __anane	*un __iano*	*un lava__o*
un tu__e	*un __ull*	*un __arasol*

Manuel pages 72 et 73

6 **Lis** les phrases et **complète** par V (vrai), F (faux) ou ✗ (on ne peut pas savoir).

- La fourmi de devant est contente. ......
- La dernière fourmi s'accroche aux brins d'herbe. ......
- La branche continue sa route. ......
- Le bateau emporte la dernière fourmi. ......
- Les trois fourmis sautent sur la berge. ......

7 **Décris** le bonhomme. **Utilise** des mots qui contiennent b.

Pour aller dehors, Bill a mis :

8 **Écris** une histoire.

Bill pêche dans sa barque.

Pas de poisson pour Bill !

o

au *au*

eau *eau*

fermé o *o*

ouvert o *o*

1 **Coche** les cases des syllabes où tu entends o.

2 **Relie** chaque syllabe au mot auquel elle appartient.

sau *teau* *meau* *chau* *pau*

3 **Trace** des vagues sous les syllabes et **entoure** ce que tu entends.

un morceau de roseau • hors de l'eau

4 **Construis** des mots et écris-les.

r	an	t	eau
c	ou	d	
b	u	l	
m		r	

5 **Colorie** ce qui est encadré de la bonne couleur.

  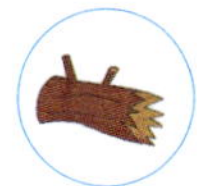

La fourmi est affolée. Son radeau bouge beaucoup. Le bateau va chavirer ! Tyl a une idée. Vite ! Il coupe un morceau de roseau et le tend à la fourmi pour la tirer hors de l'eau.

6 **Numérote** les phrases dans l'ordre de l'histoire.

- ☐ La fourmi est sauvée.
- ☐ Tyl a vu la fourmi affolée.
- ☐ Tyl tend le morceau de roseau.
- ☐ Tyl coupe un morceau de roseau.
- ☐ La fourmi est du mauvais côté de la rivière.

7 **Écris** ce que pensent Tyl et la fourmi.

oi

oi *oi*

1 **Dans** chaque série, **entoure** les dessins des mots qui ont une syllabe commune.

2 **Trace** des vagues sous les syllabes et **entoure** ce que tu entends.

revoir • fabriquer • regarder • un avion • un coin

3 **Cherche** et **observe** pour reconstruire des mots. Illustre les deux derniers.

doi ar se	reau poi	re moi ar	le toi é

4 **Recopie** sans confondre *oi*, *on*, *ou* et *an*.

- Léon mange du poisson. →
- Le loup boit souvent dans la rivière. →

5 **Classe** les mots dans le tableau.

• poireau • armoire • poire • patinoire • bois
• couloir • voile • noix • miroir

Aliments	Endroits	Objets

6 Qui parle ? **Relie** ce qui va ensemble.

«Tu vas vite revoir tes amis.» •
«Nous allons te fabriquer un avion.» •
«Ne sois pas triste.» •

• Tyl
• Zya

7 **Écris** une histoire.

Le pilote vole. Tout va bien.

Il est sauvé.

è — ai *ai* — ei *ei*

è *è* · ê *ê* · et *et*

1 **Coche** la case de la syllabe où tu entends è.

    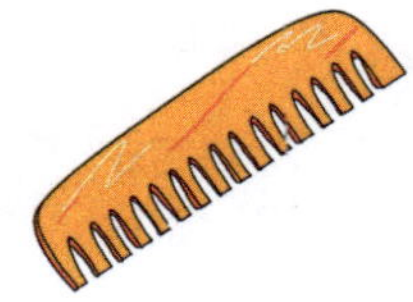

2 **Relie** chaque syllabe au mot auquel elle appartient.

  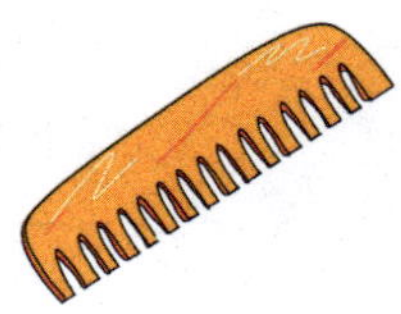  16

pei · *lei* · *rai* · *sei* · *dai*

3 **Trace** des vagues sous les syllabes et **entoure** ce que tu entends.

un décollage parfait · se poser · la haie

4 **Classe** les mots dans le tableau.

baleine · balai · laine · veine · beige · mauvais

ai de maison	ei de reine

5 **Mets** une croix dans les bonnes cases.

	C'est dans le texte	C'est dans l'image
L'avion vole au-dessus de la rivière.		
L'avion monte haut.		
L'avion se pose sans peine.		
La fourmi s'accroche à l'avion.		
Le décollage est parfait.		
Une fourmi vole sur un balai.		

6 **Lis** les phrases et **complète** par V (vrai), F (faux) ou ✗ (on ne peut pas savoir).

- La reine a déjà volé en avion. ......
- La fourmi vole au dessus de la haie. ......
- Le décollage est raté. ......
- L'avion se pose sur un chemin. ......
- L'avion se retourne. ......
- La fourmi est affolée. ......

7 **Écris** ce que pense la fourmi.

Je révise (7)

1 **Relie** chaque syllabe au mot auquel elle appartient.

lei bu voi ca chai

2 **Trace** des vagues sous les syllabes et **entoure** ce que tu entends.

J e v o i s l a b a l e i n e j o u e r d a n s l ' e a u .

3 **Cherche** et **observe** pour reconstruire des mots.

moi ar re

meau cha

bi be ron

ma de lei ne

4 **Recopie** sans confondre au et ou ; d et b.

- Léo a mis du jaune sur sa joue.

- Il donne son biberon au bébé.

5 **Observe** et **écris** le contraire.

Le canari vole.	Le canari ne vole pas.
Le lapin saute.	Le lapin ______
Talia joue.	Talia ______
Elle lit.	Elle ______

6 **Classe** les mots dans la bonne catégorie.

• radis • chameau • chaine • salade • hérisson • dé

Animaux	Végétaux	Objets

7 **Fais** le point sur l'histoire : **relie** ce qui va ensemble.

Le radeau est emporté •	• en papier.
Tyl sauve la fourmi de l'eau •	• par l'eau.
Il fait un avion •	• avec un roseau.
La fourmi retourne du bon côté •	• en avion.

8 **Invente** des phrases avec les mots suivants.

bateau | avion | radeau | reine | fourmis

La ______ part en ______

Les ______ sont sur le ______

è — er *er* · ec *ec* · el *el* — et aussi : es *es* · ef *ef*

1 Barre l'intrus dans chaque série.

el   

er   

es 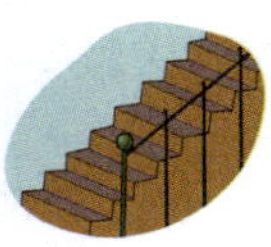  

er   

2 Cherche et observe pour reconstruire des mots. Illustre les deux derniers.

car es got	bert mem ca	pent ser	mel ca ra

______	______	______	______

3 Écris les mots à l'aide des syllabes suivantes.

le	ves	per	ber	te	ceau

 ______

 ______

 ______

4 Complète les mots avec *er*, *el* ou *ec*.

- Le sp______tacle est t______miné. Marcel ch______che ses parents.
- Il n'aime ni les ins______tes ni les s______pents.
- Le tunn______ est f______mé jusqu'à m______credi.

5 Entoure les noms au pluriel.

des caramels • un tunnel • ses perles • des serpents • une lecture

6 Observe et écris au pluriel.

Singulier	Pluriel
une herbe verte	**des** herbe**s** verte**s**
un caramel mou	des
une perle ronde	des
le merle noir	les
le long tunnel	les

7 De qui s'agit-il ? Écris la bonne réponse.

- Qui a traversé la rivière ?
- Qui sort des hautes herbes ?
- Qui est fier ?
- Qui n'a pas perdu une miette du spectacle ?
- Qui dit : « Il y a eu un drame » ?

8 Entoure les phrases qui correspondent à l'histoire.

- Zya cherche une Elfe-de-l'eau.
- La fourmi sort des hautes herbes vertes.
- Talia sort des hautes herbes vertes.
- Tyl et Zya sont fiers d'avoir aidé la fourmi à traverser la rivière.

9 **Complète chaque phrase avec la bonne étiquette.**

nouvelles lunettes	nouvelle voiture

- Sa ______________________ est rouge.
- Ses ______________________ sont belles.

petit ver	petits vers

- Le ______________________ se cache sous les herbes.
- Les hérissons mangent des ______________________.

becs jaunes	bec noir

- La pie a un ______________________.
- Les merles ont des ______________________.

10 **Choisis un mot p. 85 de ton manuel et écris une phrase avec.**

- Mot : ______________________

____

11 **Écris ce que pensent Tyl et Zya.**

f

f f ph ph

Manuel pages 86 et 87

1 Entoure le dessin quand tu entends f.

 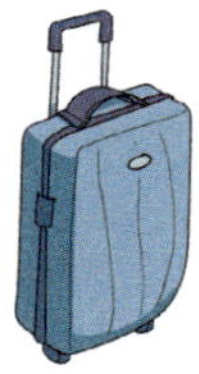    

2 Cherche et observe pour reconstruire des mots.

cie / ma / phar

tai / ne / fon

tao / phe / ca / tro

3 Écris les mots à l'aide des syllabes.

té	ne	fu	é	lé	pho	phant	mée

4 Complète chaque mot par la bonne syllabe.

• fé ou vé ?

un ca ______

un ______ lo

un ______ térinaire

• fa ou va ?

une ______ lise

la ______ rine

a ______ ler

• fe ou ve ?

la ______ nêtre

il va re ______ nir

il est ______ nu

5 Complète par fe ou ve, puis recopie la phrase dans ton cahier de classe.

La guêpe est ______ nue par la ______ nêtre.

6 Observe et complète au singulier ou au pluriel.

Singulier	Pluriel
une herbe verte	des herbes vertes
la jolie fontaine	les ______
une petite fée	des ______
un ______	des éléphants affamés
ma ______	mes confitures préférées

7 Coche les phrases qui correspondent au texte.

- ☐ Les fées sont les cousines des Elfes-de-l'eau.
- ☐ La Fontaine-des-Saphirs est la porte d'entrée du monde des fées.
- ☐ La Fontaine-des-Saphirs est la porte d'entrée du monde des Elfes-de-l'eau.

8 De qui parle-t-on ? Relie chaque phrase aux bons personnages.

Elles sont apparues •

On s'approchait de la Fontaine-des-Saphirs •

Elles ont parlé d'une catastrophe •

• une Elfe-de-l'Eau et une fée

• Timo et Talia

9 Recopie les phrases de l'exercice 8 dans l'ordre de l'histoire.

1. ______
2. ______
3. ______

10 **Observe** l'illustration, puis **réponds** aux questions par une phrase.

- Combien y a-t-il de fourmis ? Il y a ______________________

____

- Que porte la dernière fourmi ? ______________________

____

- À ton avis, où vont les fourmis ? ______________________

____

11 **Écris** une histoire.

Oncle Phil promène son chien. ______________________

____

____

____

____

____

____

____

____

g — g G g G — gu gu

1 Dans chaque série, **entoure** les dessins des mots qui ont une syllabe commune.

   | 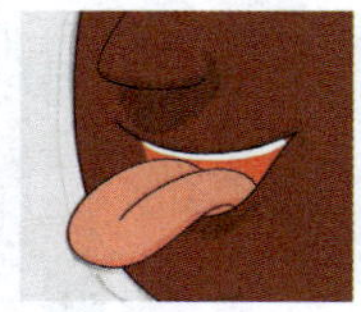  

  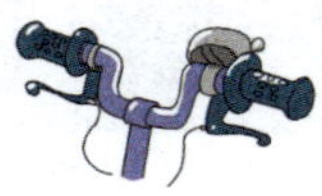 |   

2 **Cherche** et **observe** pour reconstruire des mots.

çon gar	don gui	gan tes que gi
______	______	______

3 **Écris** les mots à l'aide des syllabes.

gui	ge	gou	ga	ta	ra	rou	re	kan

 ______ |  ______ |  ______

4 **Complète** par g ou gu.

des lé ____ umes	le ____ âteau	une ba ____ e
un ____ itariste	une ____ êpe	une ____ aufre

5 Observe l'exemple, puis complète.

Exemple

- gris — une algue **grise** / un ruban **gris**

- gourmand
  - une guêpe ……………………………
  - un garçon ……………………………
- vert
  - un guidon ……………………………
  - une pédale ……………………………
- fatigué
  - une girafe ……………………………
  - un phoque ……………………………

6 Complète chaque phrase avec le bon mot.

grande | grand

- La gardienne est …………………………… .
- Le cheval est …………………………… .

petit | petite

- Il y a un …………………… nuage dans le ciel.
- Il y a une …………………… guêpe dans le ciel.

gros | grosse

- Il mange une …………………… glace.
- C'est un …………………… chat.

7 Colorie ce qui est encadré de la bonne couleur.

Zya prend Tyl par la main. Elle le guide jusqu'à la Fontaine-des-Saphirs. La gardienne, une grande Elfe-de-l'eau très maigre, parle dans une langue inconnue.

8 **Mets** une croix dans les bonnes cases.

	C'est dans le texte	C'est dans l'image
Zya prend Tyl par la main.		
La gardienne parle à Zya.		
La gardienne parle une langue inconnue.		
Il y a quatre lézards sur la fontaine.		
Le baguelya est une longue algue grise.		
Une vague a détruit la grande hélice.		

9 **Choisis** un mot p. 89 de ton manuel et **écris** une phrase avec.

- Mot : ______________________

10 **Observe** l'illustration, puis **réponds** aux questions par une phrase.

- Que fait la fourmi 1 ?

- Que fait la fourmi 2 ?

- Que fait la fourmi 3 ?

in — in *in* — un *un*

Manuel pages 90 et 91

1 Dans chaque série, **entoure** les dessins des mots qui ont une syllabe commune.

 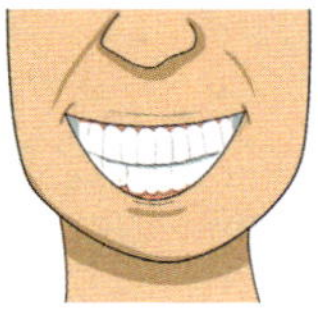    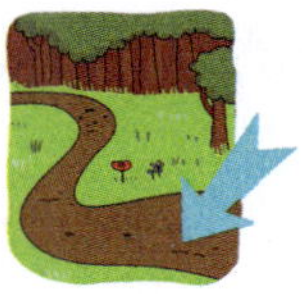

2 **Écris** les mots sous les dessins.

3 **Classe** les mots dans le tableau. **Entoure** la lettre qui suit la syllabe *im*.

• timbrer • linge • quinze • impasse • pinceau • lapin • rincer • timbale

in de sapin	*im* de impossible

4 **Complète** chaque mot avec la bonne syllabe.

pin *din* *tin* • Ce ma______, un la______ court dans le jar______.

in *tin* • Martin a fait un gra______ de pâtes pour ses ______vités.

sin *pin* • Le ______ge est monté en haut du sa______.

5 **Fabrique** des nouveaux mots avec *in* ou *im*.

Exemple

C'est possible ? Non, c'est **im**possible.

- C'est poli ? Non, c'est ______
- C'est connu ? Non, c'est ______
- C'est buvable ? Non, c'est ______

6 Qui parle ? **Écris** le nom du bon personnage.

- « Ne t'inquiète pas ! » ______
- « Allons-y ! » ______
- « Veux-tu venir avec moi ? » ______
- « C'est impossible ! » ______

7 **Numérote** les phrases dans l'ordre de l'histoire.

- ☐ Zya dit de ne pas s'inquiéter.
- ☐ Tyl répond que c'est impossible.
- ☐ Zya demande à Tyl de venir avec lui.
- ☐ Zya sort Tyl de son rêve.
- ☐ Tyl est ravi.

8 **Lis** les phrases et **complète** par V (vrai), F (faux) ou ✗ (on ne peut pas savoir).

- Tyl demande à Zya de venir avec lui. ......
- Tyl va découvrir le monde sous-marin. ......
- Tyl se promène dans des jardins suspendus. ......
- Zya sort Tyl de son rêve. ......

9 Observe l'illustration, puis **réponds** aux questions.

- Que fait la fourmi ?

- Que fait le poussin ?

10 Écris ce que pense Tyl.

11 Écris une histoire.

Lola a vu un nid dans le sapin.

Les pompiers arrivent.

Je révise (8)

1 **Relie** chaque syllabe au mot auquel elle appartient.

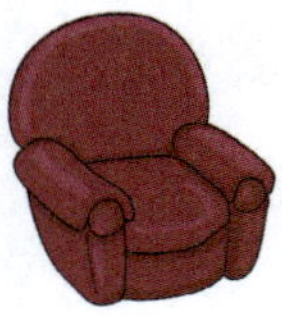 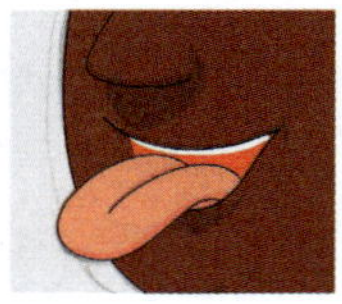   

lin | gue | gla | fau | fon

2 **Entoure** ce qui fait « f », puis **recopie** la phrase dans ton cahier de classe.

S o p h i e a f a i t d e s p h o t o s d e l a f o n t a i n e .

3 **Cherche** et **observe** pour reconstruire des mots.

mel ca ra | ser pent | in te sec | phar cie ma

   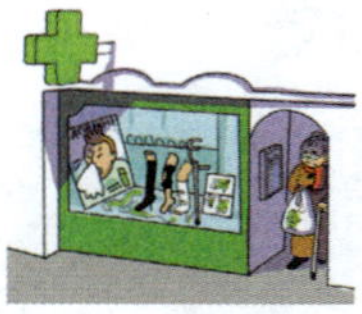

____ | ____ | ____ | ____

4 **Complète** les mots avec g ou gu.

une ____are | une ba____e | une ____rue | un lé____ume

5 **Écris** chaque mot outil au bon endroit.

pour | dans | mais | trop | était | mais

- Noah ____ venu voir le spectacle, ____ ____ tard !
- Maman a mis des caramels ____ nous ____ son sac.

6 Observe et écris au pluriel.

- une haute herbe verte → des hautes herbes vertes
- un petit serpent noir → des ______
- un caramel fondu → des ______
- une photo déchirée → des ______
- un ogre affamé → des ______

7 Complète les phrases avec les adjectifs qui conviennent.

petit	petite	noir	noire

- Le ______ chat ______ court vite.
- La ______ poule ______ court vite.

8 Fais le point sur l'histoire : entoure les bonnes réponses.

→ Où doit aller Zya ?

- dans son village
- dans un sous-marin
- chez les Elfes-de-l'eau

→ Par où y va-t-elle ?

- par la Roche-aux-fées
- par le village
- par la Fontaine-des-Saphirs

→ Que mangent les Elfes-de-l'eau ?

- de la baguelya
- des algues
- du nectar de baguelya

9 Que s'est-il passé ? Raconte le drame qui est arrivé.

______

______

______

z — s S *s S* — z Z *z Z*

1 **Entoure** le dessin quand tu entends z.

2 **Cherche** et **observe** pour reconstruire des mots.

- son pri
- che mi se
- me ziè on
- vi lé té sion

3 **Écris** les nombres de 11 à 16 à l'aide des syllabes suivantes.

ze | dou | qua | sei | trei | on | tor | quin

4 **Classe** les mots dans le tableau.

• volatilisé • saphir • il pose • respirer • présente • se • sur • oiseau

s de serpent	s de maison

5 Complète chaque phrase avec le bon mot.

poisson	poison	• Ce midi, on a mangé du .... avec du riz.
casse	case	• Il faut cocher la bonne ....
désert	dessert	• Je ne suis jamais allé dans un ....
cousin	coussin	• Le chat dort sur un ....
ruse	russe	• Il parle bien le ....
croisant	croissant	• Ahmed mange un .... chaque matin.

6 De qui ou de quoi parle-t-on ? Relie ce qui va ensemble.

- ? parle au lézard dans une langue bizarre. •
- ? n'ose plus bouger. •
- ? s'accroche tout seul sur le cou de Tyl. •
- ? pose le saphir sur le cou de Tyl. •
- ? emprisonne la tête de Tyl. •
- ? panique. •

- • Zya
- • Tyl
- • Le saphir
- • Le lézard

7 Lis les phrases et complète par V (vrai), F (faux) ou ✗ (on ne peut pas savoir).

- Le lézard pose le saphir sur le cou de Tyl. ......
- Le saphir permet de respirer sous l'eau. ......
- Tyl et Zya se volatilisent. ......
- Les lézards peuvent respirer sous l'eau. ......
- La fontaine brille comme un trésor. ......
- Tyl parle au lézard dans une langue inconnue. ......

z sS zZ

8 **Choisis** deux mots dans l'activité 4 p. 95 de ton manuel et **écris** une phrase avec.

- Mot n°1 : ______________

____

- Mot n°2 : ______________

____

9 **Écris** les légendes aux bons endroits.

la fontaine	les saphirs	la gardienne

10 **Observe** l'illustration, puis **réponds** aux questions par une phrase.

- Que fait la fourmi ?

____

- Que pense la fourmi ?

____

Manuel pages 96 et 97

tr *tr* gr *gr* br *br*

et aussi : cr *cr* dr *dr* vr *vr* pr *pr* fr *fr*

1 **Barre** l'intrus dans chaque série.

cr   

br   

fr  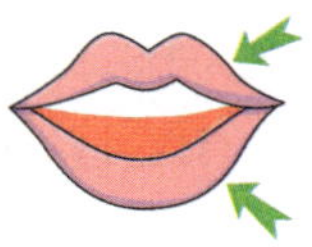 

tr   

2 **Cherche** et **observe** pour reconstruire des mots.

trou ver re

ca tro phe tas

sion pro vi

cher ppro a

3 **Complète** les mots avec la bonne syllabe.

• *gr* ou *br* ?

ma ______ and-mère

le ______ as droit

une ______ ioche

• *cr* ou *vr* ?

é ______ ire

un li ______ e

un ______ oissant

• *tr* ou *dr* ?

un ______ apeau

un ______ iangle

______ icher

4 **Complète** les phrases avec les bons mots.

crie	trie
craie	trait
frais	vrai

• Pauline ______ pour se faire entendre.

• Les élèves doivent tracer un ______.

• Le lait est encore ______.

5 **Colorie** la phrase de la bonne couleur : passé présent

- Avant de partir, Noah a mangé tous les chocolats.
- En ce moment, Lisa est à l'école.
- Avant, il y avait un trésor dans ce coffre.
- Bruno a détruit le château d'Emma. Elle le reconstruit.

6 De qui parle-t-on ? **Relie** ce qui va ensemble.

Elle a cassé l'hélice. •	
Ils ont détruit les coffres. •	• les troncs d'arbres
Elles ont disparu avec le courant. •	• Tyl et Zya
Ils s'approchent du lieu du drame. •	• les provisions
Ils se retrouvent dans le monde sous-marin. •	• la vague
Ils servaient de mâts. •	

7 **Entoure** le texte s'il correspond à l'histoire.

- Les coffres sont détruits. Dans leur chute, ils ont brisé la grande hélice et toutes les provisions ont disparu avec le courant.
- La grande hélice est brisée. Le courant a emporté tous les coffres remplis de nectar sucré de Baguelya.
- La grande hélice est cassée. En tombant, elle a détruit les coffres qui contenaient la réserve de nourriture des Elfes-de-l'eau.

8 **Écris** les légendes aux bons endroits.

l'hélice	un mât	le nectar de baguelya	Tyl	Zya

9 **Écris** ce que pense Tyl.

é

ez *ez*

er *er*

é *é*

1 **Entoure** le dessin quand tu entends é.

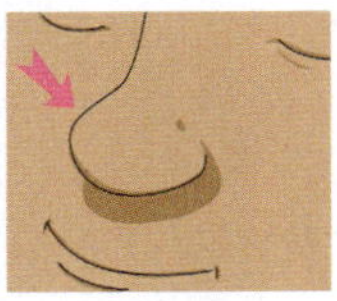     

2 **Cherche** et **observe** pour reconstruire des mots.

ger dan	*der gar re*	*ga dé ger*	*mon ter re*
....	....	....	....

3 **Classe** les mots dans le tableau.

• chez • danger • assez • goûter • vous jouez • un oranger

ez de nez	*er* de rocher

4 **Complète** chaque phrase avec le bon mot.

mer	aimer	perdre	louper	fer	coiffer

• J'ai acheté un .... à repasser.

• Je vais .... ma poupée.

• La .... est calme.

• Vous allez .... ce livre.

• Il ne faut pas .... le virage.

• Léon n'aime pas .... aux petits chevaux.

Manuel pages 98 et 99

5 Observe le modèle, puis classe les verbes suivants.

• vous chantez • vous avez dansé • vous mangerez

Passé	Présent	Futur
Vous avez levé	Vous levez	Vous lèverez

6 Complète avec le bon verbe.

mangez | mangerez | avez mangé

• Vous ...., alors maintenant vous pouvez sortir.

• Après la classe, vous .... votre goûter.

• Vous .... toujours trop vite.

7 Mets une croix dans les bonnes cases.

	C'est dans le texte	C'est dans l'image
Un Elfe-de l'eau les invite à s'approcher.		
Les pompiers ont dégagé les débris.		
Tyl et Zya regardent le chantier.		
La reine mène les opérations.		
Les coffres de baguelya sont détruits.		

8 Lis les phrases et complète par V (vrai), F (faux) ou ✗ (on ne peut pas savoir).

• Il n'y a plus de danger. ......

• Les pompiers sont très fatigués. ......

• La reine invite Zya et Tyl à s'approcher. ......

• Des Elfes-de-l'eau rassemblent des cordes. ......

• Il faut accrocher les cordes aux rochers. ......

9 **Choisis** deux mots dans l'activité 3 p. 99 de ton manuel et **écris** une phrase avec.

- Mot n°1 : ____________________

____

- Mot n°2 : ____________________

____

10 **Imagine** et **écris** ce que se disent ces deux fourmis.

11 **Écris** une histoire.

Ce matin, les Elfes ont dégagé le chantier. ____________________

____

____

Maintenant, les Elfes ____________________

____

____

Ce soir, dit la reine ____________________

____

____

fl *fl* bl *bl*

Manuel pages 100 et 101

et aussi : cl *cl* pl *pl* gl *gl*

1 **Barre** l'intrus dans chaque série.

fl  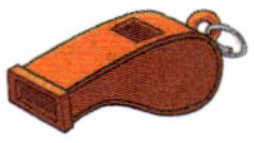 

bl   

cl   

fl   

2 **Cherche** et **observe** pour reconstruire des mots.

che plan	*pin é gle*	*ta spec cle*	*sem ble en*
______	______	______	______

3 **Complète** les mots avec la bonne syllabe.

- *pl* ou *gl* ?
  - une rè ____ e
  - une ____ aque
  - la ré ____ isse
- *bl* ou *cl* ?
  - une ____ é
  - le pu ____ ic
  - é ____ lairer
- *pl* ou *fl* ?
  - la ____ uie
  - une ____ amme
  - ____ anter

4 **Complète** les phrases avec les bons mots.

claque	craque
classe	glace
planche	blanche

- Elle ______________ la porte en sortant.
- Les élèves vont en ______________ .
- La fleur ______________ est fanée.

5 Construis des mots et écris-les.

cl	a	que
fl	o	ce
pl	an	che
gl		

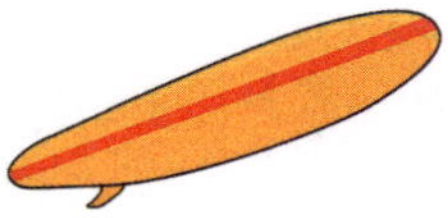

6 Numérote les phrases dans l'ordre de l'histoire.

- ☐ Tyl et Zya clouent les dernières planches.
- ☐ Des musiciens s'installent sur la place.
- ☐ La reine remercie Tyl.
- ☐ Tyl décide de rentrer.
- ☐ La reine épingle deux fleurs étincelantes sur l'habit de Tyl.
- ☐ La fête commence.

7 Colorie ce qui est encadré de la bonne couleur.

Tyl et Zya font tout leur possible pour aider. Ils clouent ensemble les dernières planches.
La reine s'approche : « Merci Tyl. Tu seras toujours le bienvenu chez moi ». Elle épingle deux fleurs étincelantes sur son habit. La fête commence.

8 **Choisis** un mot dans l'activité 5 p. 102 de ton manuel, puis **écris** une phrase avec.

- Mot :

9 **Écris** les légendes aux bons endroits sur l'illustration.

un musicien	la reine	l'hélice	un pompier

10 **Écris** ce que pense la fourmi.

Je révise (9)

1 **Relie** chaque syllabe au mot auquel elle appartient.

dra	frai	trac	zè	gla

2 **Écris** les nombres de 11 à 16.

- 11 : ……………
- 15 : ……………
- 14 : ……………
- 13 : ……………
- 12 : ……………
- 16 : ……………

3 **Complète** avec le bon mot.

cousin	coussin
case	casse
frais	vrai
traque	craque

- Mon …………… a téléphoné.
- Je …………… le sucre en morceaux.
- C'est un …………… problème.
- Le plancher …………… sous nos pas.

4 **Écris** chaque mot outil au bon endroit.

chez	vous	pour	il y a	aux	assez

- …………… avez …………… de place …………… trois valises dans le coffre.
- Téléphonez vite …………… pompiers, …………… un incendie …………… les voisins !

5 **Colorie** la phrase de la bonne couleur : passé présent futur

- En ce moment, je lis.
- L'année prochaine, Lisa sera au CE1.
- Hier, Paul est allé chez le dentiste.
- Je regarde le zèbre qui broute dans son enclos.

6 **Complète** chaque phrase avec le bon verbe.

téléphone	a téléphoné	téléphonera

- Pour son anniversaire, Chloé veut inviter ses amis.
- Hier, elle ______________ à Justin.
- En ce moment, elle ______________ à Pauline.
- Plus tard, elle ______________ à Maria.

7 Fais le point sur l'histoire : **écris** les bonnes réponses.

- Que fait Tyl dans le monde sous-marin ?

____

- Qui remercie Tyl ?

____

- Comment le remercie-t-elle ?

____

8 Pourquoi Tyl doit-il rentrer chez lui ? **Donne** ton avis.

____

____

____

ette *ette* | erre *erre* — et aussi : esse *esse* | elle *elle* | enne *enne*

1 **Dans chaque série, barre le dessin du mot qui se ne termine pas comme les autres.**

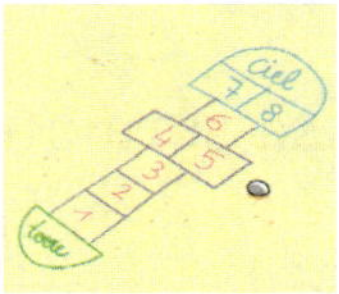  

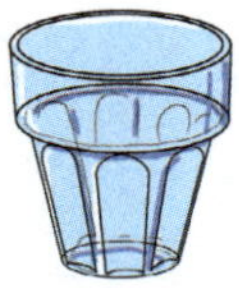  

2 **Cherche et observe pour reconstruire des mots. Illustre le dernier.**

pâ – que – rette

______

gnon – pi – cham

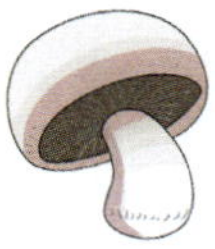

______

mi – celles – ver

______

3 **Complète les mots.**

- *elle* ou *enne* ?

la poub______

une ant______

une sauter______

- *ette* ou *erre* ?

une brou______

une assi______

la t______

- *esse* ou *enne* ?

une chi______

une adr______

une pharmaci______

4 **Observe et complète.**

Exemple

une maison → une maisonnette

une malle → ______

une fille → ______

Exemple

une rue → une ruelle

une tour → ______

une prune → ______

5 **De qui parle-t-on ? Entoure avec la bonne couleur les mots qui désignent Juliette et Arthur.**

Aujourd'hui, Arthur fait la cuisine avec sa petite sœur Juliette. Il pose les légumes sur la table : courgettes, pommes de terre, carottes. Juliette le regarde éplucher les légumes, puis elle les lave et les coupe. Son grand frère les met à cuire. Elle ajoute un peu de poivre, du sel et de la ciboulette. Le garçon goute et dit : « C'est bon ! Tu m'as bien aidé. »

6 **Lis les phrases et complète par V (vrai), F (faux) ou X (on ne peut pas savoir).**

- La Pamboute est la maman de Tyl. ......
- Tyl n'aime pas la pistourelle. ......
- Il y a des prunelles dans la recette de la pistourelle. ......
- Le pot de racine de violette est vide. ......
- Il faut faire cuire la pistourelle pendant 20 minutes. ......
- Le pot de racine de violette a disparu. ......

7 **Complète les ingrédients de la recette de la pistourelle.**

- ______ de champignon-trompette
- 1 cuillerée de ______
- 2 ______ de pâquerette
- ______ de pousses de lierre, coupées en ______
- 8 ______ de racine de ______
- ______

______

Manuel pages 106 et 107

8 **Recopie chaque étape de la recette au bon endroit.**

Mettre les pommes coupées dans une casserole avec du sucre et de l'eau.

Éplucher les pommes.

Cuire 20 minutes en mélangeant.

Couper les pommes en morceaux.

1. ……………………

2. ……………………

3. ……………………

4. ……………………

9 **Imagine et écris la suite de la recette de la pistourelle.**

4. Ajouter les 8 ……………………

…… Cuire pendant ……………………

…… Décorer avec ……………………

1 Entoure le dessin quand tu entends in .

2 Cherche et observe pour reconstruire des mots.

dain sou

té rieur in

po im ble soi

3 Écris les mots à l'aide des syllabes suivantes.

pein | prein | em | te | re | tre | tu

4 Classe les mots dans le tableau.

• grain • traineau • graine • copain • train • semaine • maintenant • laine

ain de main	ai de maison

5 **Complète** les phrases avec les bons mots.

main	nain
bain	pain
peinture	ceinture
Soudain	Lendemain

- Sa ________________ n'est pas cassée.
- Je dois acheter du ________________ avant midi.
- Il y a de la ________________ sur mon pantalon.
- ________________, elle décida de partir.

6 **Recopie** en remplaçant les mots encadrés par *le*, *la* ou *les*.

Exemple

Il prend **le pot**. → Il **le** casse.

- Marie coupe **le pain**. → Marie ________ mange.
- Noé met **sa ceinture**. → Noé ________ boucle.
- Il attend **le train**. → Il ________ prend.
- Je cherche **mes copains**. → Je ________ trouve.
- Elle répare **les freins**. → Elle ________ vérifie.

7 **Entoure** la ou les phrases qui correspondent à chaque illustration.

- Tyl joue avec le train.
- Tyl voit des empreintes.
- Tyl regarde vers la fenêtre.

- La Pamboute a faim de pistourelle.
- La maman de Tyl cuisine.
- La Pamboute met la main dans le pot.

8 **Colorie** ce qui est encadré de la bonne couleur.

Tyl est étonné. Il met la main dans le pot. Rien !
« Il était plein ce matin ! dit la Pamboute.
Et en cette saison, la racine de violette est impossible à trouver.
On ne la trouve qu'en été. Je vais te faire du pain au miel à la place. »

9 **Choisis** trois mots en bas de la page 109 de ton manuel et **écris** des phrases avec.

- Mot n° 1 : ....
- Mot n° 2 : ....
- Mot n° 3 : ....

10 **Observe** l'illustration, puis **réponds** aux questions par une phrase.

- Que fait la fourmi ? ....
- Qu'est-ce qui est peint sur la toile? ....

s ç Ç ç Ç

c c
ss ss
s s

1 **Entoure** le dessin quand tu entends s.

   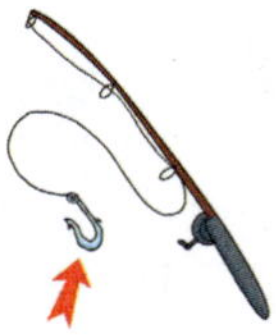  

2 **Cherche** et **observe** pour reconstruire des mots.

çon soup	ser ob ver	quê te en	sui pour vre

______ | ______ | ______ | ______

3 **Écris** les mots à l'aide des syllabes suivantes.

çon | ha | gar | gla | me

 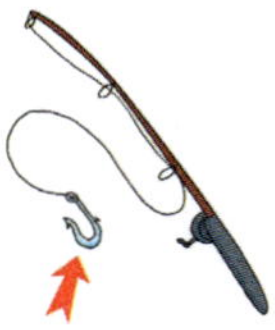 

______ | ______ | ______

4 **Classe** les mots dans le tableau.

• soupçon • copain • français • citron • détective • reçu • ceinture • céleri

c de cinq	ç de garçon	c de école

5 **Complète** les mots avec c ou ç.

• un ma___on • le ___inéma • il est dé___u
• la le___on • une ___itronnade • une gla___e

6 Recopie en remplaçant les mots répétés par *il* ou *elle*.

Exemple

Il suit la route. La route mène à la rivière.

Il suit la route. **Elle** mène à la rivière.

- Lucie suit le chemin. Le chemin mène à une grotte.

Lucie suit le chemin. ……………………………………

- Le détective interroge la voisine. La voisine a tout vu.

Le détective ……………………………………

7 Mets une croix dans les bonnes cases.

	C'est dans le texte	C'est dans l'image
Cléo taille un hameçon.		
Silo saucissonne un gros limaçon.		
Cléo pêche.		
Tyl observe Cléo et Silo.		
Tyl se cache derrière les herbes.		
Cléo et Silo sont innocents.		

8 De qui s'agit-il ? Écris la bonne réponse.

- Qui suit les empreintes ? ……………………………………
- Qui taille un hameçon ? ……………………………………
- Qui prend une leçon de pêche ? ……………………………………
- Qui pêche près de la rivière ? ……………………………………
- Qui doit poursuivre son enquête ? ……………………………………
- Qui observe ? ……………………………………

Manuel pages 110 et 111

9 Imagine et écris ce que pensent les personnages.

10 Écris une histoire.

La couronne de la reine a disparu. Le détective

1 Cherche et observe pour reconstruire des mots.

vo leur

teur quê en

a ce per voir

2 Écris les mots à l'aide des syllabes suivantes.

teur	seur	cheur	pê	chan	dan

3 Classe les mots dans le tableau.

• voleur • il pleut • feu • seul • heureuse • jeune • peureux • neuf

eu de fleur	*eu* de bleu

4 Classe les mots dans le tableau.

• un œuf • des œufs • la sœur • un bœuf • des bœufs • des vœux

œu de cœur	*œu* de nœud

5 **Range** les mots suivants et **complète** chaque catégorie avec au moins un mot.

• coiffeur • père • main • sœur • genou • neveu • cœur • docteur • facteur

→ métiers : ______________________________

____

→ famille : ______________________________

____

→ corps humain : ______________________________

____

6 De qui parle-t-on ? **Relie** chaque phrase au bon personnage.

Il a une queue. •	• Tyl
Il a des cheveux. •	• le renard
Il a des yeux. •	
Il a une gueule. •	
Il est vieux. •	
Il est jeune. •	

7 **Complète** le résumé de l'histoire avec les mots suivants.

cœur	voleur	intérieur	yeux	heureux	gueule	queue	vieux

Tyl ouvre les ______________________.

Soudain, son ______________________ s'emballe.

Là, juste derrière le chêne, un ______________________ renard entre à l'______________________ de son terrier.

Il a la ______________________ rousse et il tient la racine de violette dans sa ______________________.

« J'ai retrouvé mon ______________________ ! » se réjouit Tyl, ______________________.

8 **Choisis trois mots pour décrire ce personnage.**

cheveux	malheureux	nœud	bleu	yeux	pleure

- Mot n° 1 : ……………………

- Mot n° 2 : ……………………

- Mot n° 3 : ……………………

9 **Observe l'illustration, puis réponds aux questions.**

- Que fait la fourmi 1 ?

Pourquoi ?

- Que fait la fourmi 2 ?

Pourquoi ?

Je révise (10)

1 Relie chaque syllabe au mot auquel elle appartient.

tenne | teur | rette | çon | cein

2 Écris les mots à l'aide des syllabes suivantes.

celles mi ver | main de | çon ha me | cheur pê

3 Entoure le mot correct dans chaque colonne.

brouette	peinture	emprêteur	mademoiselle
bourette	preinture	enquêteur	malemoiselle

4 Écris chaque mot outil au bon endroit.

encore | tout | maintenant | sans | puis

- La pluie a cessé, ______ il fait beau.
- Le chat s'approche ______ bruit de la souris.
- Le voleur a ______ pris dans le coffre, ______ il s'est enfui.
- Zut, il est ______ tombé dans cet escalier !

5 **De qui parle-t-on ? Entoure de la bonne couleur les mots qui désignent papa et Hugo.**

Papa a repeint la porte du garage. La peinture n'est pas sèche. En rentrant de l'école, Hugo a taché son blouson neuf. Son père le gronde : « Tu es étourdi. Ce matin, je t'avais prévenu ! »

6 **Fais le point sur l'histoire : écris les bonnes réponses.**

- Pourquoi Tyl cherche-t-il le voleur ?

- Comment Tyl trouve-t-il le voleur ?

- Qui est le voleur ?

7 **Écris ta recette de salade de fruits en utilisant les verbes :**
mélanger, ajouter, couper **et** *éplucher.*

Ingrédients :
- 2 bananes
- 3 kiwis
- 1 orange
- 150 g de fraises
- le jus d'un citron

ill .ill. ail/aille eil/eille et aussi : ouil/ouille euil/euille

1 **Dans chaque série, barre le dessin du mot qui se ne termine pas comme les autres.**

2 **Écris les mots à l'aide des syllabes suivantes.**

teuil | leil | tail | fau | so | por

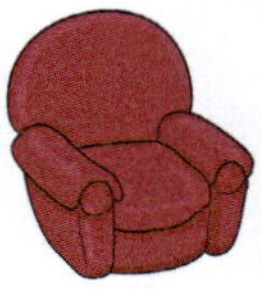

3 **Classe les mots dans le tableau.**

• ton réveil • une paille • le travail • une oreille • une feuille • une canaille • un écureuil • une corbeille • son fauteuil • le soleil • ma bouteille • sa médaille • un détail • une grenouille

Masculin	Féminin

4 Complète les mots.

• ouil ou ouille ?	• eil ou eille ?	• euil ou euille ?
une gren	le rév	une f
une n	la corb	le faut

5 Écris le contraire. Utilise les mots petite, mou et froide.

Exemple

un **grand** arbre → un **petit** arbre

- une **grande** bouteille →
- une soupe **chaude** →
- un oreiller **dur** →

6 Dans chaque série, barre le mot qui n'est pas de la même famille que les autres.

- le travail • un travailleur • une trouvaille • travailler
- une oreillette • un orteil • un oreiller • une oreille
- un feuillu • un feuilleton • un feuillage • une feuille

7 Réponds aux questions suivantes.

- Pourquoi Tyl surveille-t-il la ruche ?

- Pourquoi coupe-t-il une paille ?

8 **Choisis** trois mots en bas de la page 117 de ton manuel et écris des phrases avec.

- Mot n° 1 :
- Mot n° 2 :
- Mot n° 3 :

9 **Imagine** et **écris** ce que pensent Tyl et l'abeille.

Manuel pages 118 et 119

ien *ien* — ier *ier*

et aussi : ieu *ieu* · iel *iel* · ion *ion* · ian *ian*

1 Dans chaque série, **barre** le dessin du mot qui se ne termine pas comme les autres.

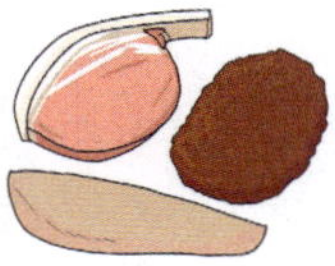

2 **Écris** les mots à l'aide des syllabes suivantes.

ma	*ca*	*nier*	*cien*	*gi*	*cui*	*mion*	*si*

3 **Complète** les mots.

• *ien ou ion ?*

attent____

un mill____

un ch____

• *iel ou ieur ?*

le c____

l'extér____

le matér____

• *ien ou ian ?*

la v____de

b____tôt

un tr____gle

4 **Observe** et **complète** le tableau.

Féminin	Masculin
la première	le ____
une lionne	un ____
une chienne	un ____

5 Utilise ces mots pour écrire le contraire.

• éteint • entre • se couche • finit • commence

Exemple

L'avion **atterrit** → L'avion **décolle.**

• Le chien **se lève.** → ____________________

• Le monsieur **sort.** → ____________________

• Il **commence** son travail. → ____________________

• Il **termine** son concert. → ____________________

• Il **allume** la lumière. → ____________________

6 Numérote les phrases dans l'ordre de l'histoire.

- ☐ Tyl fait couler la dernière goutte à l'intérieur du terrier.
- ☐ Le renard sort du terrier.
- ☐ Les abeilles font des va-et-vient au-dessus de Tyl.
- ☐ Les yeux du renard brillent.
- ☐ Tyl retourne en direction du terrier.
- ☐ Tyl atterrit au pied de l'arbre.

7 Réponds aux questions suivantes.

• Pourquoi les abeilles sont-elles furieuses ?

____

____

• Pourquoi Tyl dépose-t-il des gouttes de miel sur le sol ?

____

____

8 **Recopie** les mots de la rubrique « Attention » p. 119 de ton manuel et écris des phrases.

- Mot n° 1 :

- Mot n° 2 :

9 **Observe** et **écris**.

- Décris cette fourmi.

- Imagine où elle va.

10 **Écris** une histoire.

Le renard a trouvé une ruse.

gn gn gn

1 **Entoure** le dessin quand tu entends gn.

     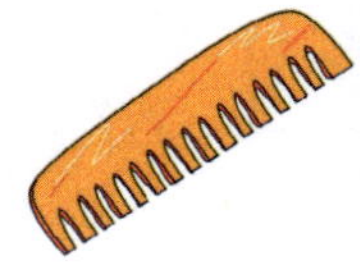

2 **Cherche** et **observe** pour reconstruire des mots.

gner é loi	gno gri ter	ga gner re	pi ra res tion
....	....	....	....

3 **Écris** les mots à l'aide des syllabes suivantes.

gnoi	gnon	gne	cham	mon	re	pi	ta	bai

 ....

 ....

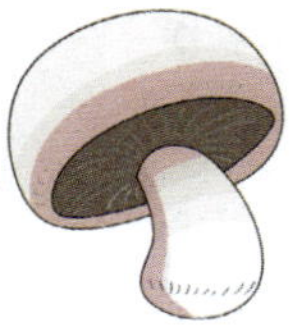 ....

4 **Complète** les mots avec gne, gnon ou gnan.

- une châtai............
- la ga............te
- il est mi............
- un pei............
- il est gro............
- une cigo............

5 **Complète** les phrases avec le mot qui convient.

peigne	baigner	ligne	saigne

- J'aime beaucoup me .... dans ce lac.
- Les coureurs se placent sur la .... de départ.
- Le matin, je me .... en deux minutes.
- Il .... car il s'est coupé.

6 **Écris** ces phrases au pluriel.

Exemple

Le garçon croise des pêcheurs. → Les garçons croisent des pêcheurs.

- Le cygne abandonne le nid. → Les cygnes ....

....

- Le champignon pousse vite. → Les ....

....

7 **Lis** les phrases et **complète** par V (vrai), F (faux) ou ✗ (on ne peut pas savoir).

- Tyl accroche son oreille à la toile d'araignée. ......
- Le renard est dans le terrier. ......
- Tyl trouve des champignons dans le terrier. ......
- Quelques baies ont été grignotées. ......
- Tyl a un peu peur dans le terrier. ......
- Tyl écoute son cœur pour se cacher. ......

8 **Réponds** aux questions suivantes.

- Pourquoi Tyl sursaute ?

....

....

- Qui rencontre Tyl sur le chemin du retour ?

....

....

9 **Imagine** et **écris** ce que pensent les personnages.

10 **Écris** une histoire.

Le pirate a trouvé un trésor.

Le voilà transformé en crapaud.

oin

oin *oin*

Manuel pages 122 et 123

1 **Entoure** le dessin quand tu entends oin.

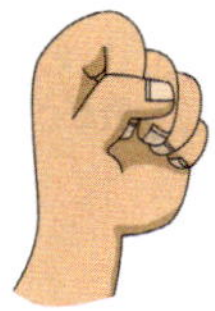
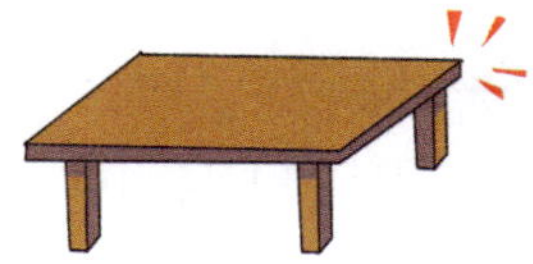

2 **Écris** les mots à l'aide des syllabes suivantes.

cé	*tu*	*fre*	*poin*	*re*	*goin*	*coin*

3 **Classe** les mots dans le tableau.

• groin • coin • baignoire • poire • poing • pion

oi de poisson	*oin* de pointure	*ion* de camion

4 **Complète** les phrases avec les bons mots.

pion	point
moi	moins
pois	point
quoi	coin
lion	loin

• J'ai avancé mon ______ sur le damier.

• Il pleut de ______ en ______.

• Il y a un ______ à la fin de la phrase.

• Le chien va jusqu'au ______ de la rue.

• Regarde au ______.

5 **Relis** les pages du manuel et réponds.

Exemple

→ Dans le texte page 122, quels mots remplacent « Tyl » ?
Tyl • mon petit goinfre • petit coquin • son fils • lui • tu

→ Dans le texte page 112, quels mots remplacent « le renard » ?

______________________ • ______________________

→ Dans le texte page 118, quels mots remplacent « quelques abeilles » ?

______________________ • ______________________

6 De qui parle-t-on ? **Relie** chaque phrase au bon personnage.

Qui arrive chez la Pamboute ? •	• Tyl
Qui voit arriver Tyl et ses deux amis ? •	• La Pamboute
Qui éclate de rire ? •	• Cléo
Qui est un petit coquin ? •	• Silo
Qui court chercher Timo, Talia et Zya ? •	
Qui coupe des rondelles ? •	

7 **Réponds** aux questions suivantes.

- Pourquoi la Pamboute est contente lorsqu'elle voit arriver Tyl ?

____

____

____

- Avec qui Tyl va faire la fête ?

____

____

____

8 **Imagine** et **dessine** la fête de Tyl et ses amis.

9 Après cette fête, Zya écrit une carte à sa cousine Alya pour lui raconter la fête.
Imagine ce qu'elle a pu écrire.

Je m'entraine à former les lettres

a b c d e f g

h i j k l m n

o p q r s t u

v w x y z

Exemple

mardi le chat joue

Exercices de consolidation

Les exercices de consolidation portent sur différentes confusions sonores ou visuelles et sur l'application de règles orthographiques. Ils sont rangés dans l'ordre de la progression du manuel. Pour l'enseignant, nous avons indiqué après quelle leçon du manuel il pourra les proposer à ses élèves en tenant compte de leur possibilité de déchiffrer.

Exercice de consolidation	Thème	Après leçon du manuel
1, p. 132	**il / li**	p. 12-13
2, p. 132	**a / o**	p. 22-23
3, p. 132	**r/ n**	p. 24-25
4, p. 132	**m / n**	p. 28-29
5, p. 132	**il /li**	p. 30-31
6, p. 132	**u / i**	p. 30-31
7, p. 133	**p / q**	p. 38-39
8, p. 133	**u / i**	p. 40-41
9, p. 133	**s / ss**	p. 48-49
10, p. 133	**p / q**	p. 52-53
11, p. 134	Valeurs du **c**	p. 52-53
12, p. 134	**ou / an**	p. 54-55
13 et 14, p. 134	**m / n**	p. 56-57
15, p. 135	**on / ou**	p. 62-63
16, p. 135	**on / om**	p. 62-63
17, p. 135	**b / d**	p. 64-65
18, p. 135	**t / d**	p. 64-65
19, p. 136	**è / ê**	p. 66-67
20, p. 136	ch j	p. 68-69
21, p. 136 et 22, p. 137	**b / d**	p. 72-73
23, p. 137	**p / b**	p. 72-73
24, p. 137	**on / om**	p. 72-73

Exercice de consolidation	Thème	Après leçon du manuel
25, p. 138	**en / em**	p. 72-73
26, p. 138	**an / am**	p. 72-73
27, p. 138	**an / au**	p. 74-75
28, p. 138	**ou / au**	p. 74-75
29, p. 139	**ou / an**	p. 74-75
30, p. 139	oi a	p. 76-77
31, p. 139	**oi / ai**	p. 78-79
32, p. 140	f v	p. 86-87
33, p. 140	**g / gu**	p. 88-89
34, p. 140	**c / g**	p. 88-89
35, p. 140	**ou / an**	p. 88-89
36, p. 141	s z	p. 94-95
37, p. 141	tr gr br	p. 96-97
38, p. 141	**in / im**	p. 100-101
39, p. 141	**ch / cl**	p. 100-101
40, p. 142	fl bl cl pl gl	p. 100-101
41, p. 142	**m** devant **p** ou **b**	p. 100-101
42, p. 142	Valeurs du **c**	p. 112-113
43, p. 142 44 et 45, p. 143	**.ill., ail/aille, eil/ eille, ouil/ouille, euil/euille**	p. 116-117
46, p. 143	**er/ier**	p. 118-119
47, p. 143	**oin / ion**	p. 122-123

Exercices de consolidation
(périodes 1 à 3)

1 **Entoure** quand tu vois « li ».

li il il li li il li il li il il li

2 **Complète** les mots avec a ou o, puis **recopie** chaque mot en entier.

m___t

t___m___te

___range

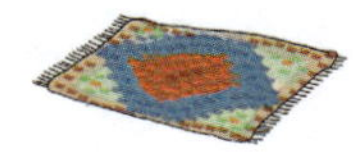

t___pis

3 **Entoure** quand tu vois la lettre « r ».

r n n r r n r n r r n n

4 **Entoure** quand tu vois la lettre « m ».

n n m n m m n n m m m n

5 **Entoure** quand tu vois « li ».

il lit • il a • un joli lit • il est • la jolie lune • Talia

6 **Complète** les mots avec u ou i, puis **recopie** chaque mot en entier.

m___r

r___e

marm___te

p___e

7 **Entoure** quand tu vois la lettre « q ».

q p p q q p q p q q p p

8 **Recopie** sans confondre u et i.

Il rit. • Il est dans la rue. • Son ami est sur le mur.

9 **Classe** les mots dans le tableau.

assis • sali • mousse • liste • morsure • classe

s de serpent	ss de poisson

10 **Recopie** sans confondre p et q.

quatre coqs • quatre poules • un pou qui pique

Exercices de consolidation

(périodes 1 à 3)

11 **Écris** les mots à l'aide des syllabes suivantes.

che • cac • que • cir • clo • tus

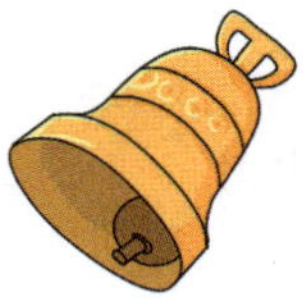

12 **Complète** les mots avec ou ou an, puis **recopie** chaque mot en entier.

il ch___te

ch___

p___da

r___te

13 **Complète** les mots avec la bonne syllabe, puis **recopie** chaque mot en entier.

ma	na	mo	no

___ppe

___riés

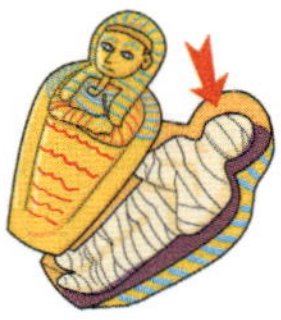

___mie

pia___

14 **Complète** les mots avec m ou n, puis **recopie** chaque mot en entier.

che___i___ée

tour___esol

a___i___al

a___a___as

15 **Complète** les mots avec *on* ou *ou*, puis **recopie** chaque mot en entier.

l____pe	cornich____	b____b____	t____pie
____	____	____	____

16 **Complète** les mots avec *on* ou *om*, puis **recopie** chaque mot en entier.

le hériss____	il a c____pris	un pantal____
____	____	____
marr____	le p____t	la c____pote
____	____	____

17 **Entoure** quand tu vois la lettre « d ».

b d d b b d d b d b d d

18 **Complète** avec *t* ou *d*, puis recopie chaque mot en entier.

	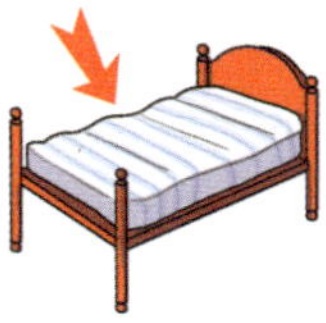	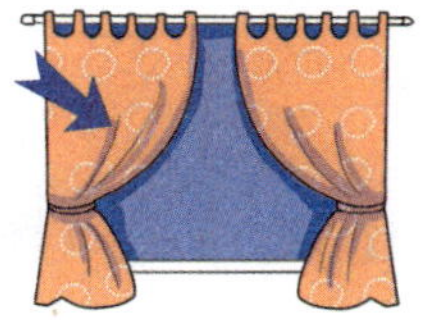	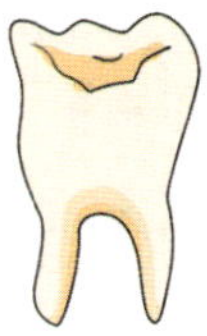
____en____e	ma____elas	ri____eau	____ent
____	____	____	____

Exercices de consolidation
(périodes 1 à 3)

19 **Classe** les mots dans le tableau.

• père • élève • tête • arête • chèvre • pêche • chêne • mère

è de zèbre	ê de guêpe

20 **Complète** les phrases avec les bons mots.

cache | cage • Léo se ________ dans la cave.

chou | joue • Je mange du ________.

chêne | gêne • Le sac me ________ pour courir.

21 **Recopie** sans confondre b et d.

il bavarde • la bordure • il déborde • d'abord

22 Complète avec b ou d, puis recopie chaque mot en entier.

un ___ é ___ é	un ___ omino	un ___ i ___ eron
un ___ i ___ on	une sala ___ e	un sol ___ at

23 Complète avec b ou p, puis recopie chaque mot en entier.

une ___ anane	un tu ___ e	un ___ iano
une ___ lante	un lava ___ o	un ___ arasol

24 Complète les mots avec on ou om, puis recopie chaque mot en entier.

il t ___ be	il p ___ pe	un mout ___
la r ___ de	le hériss ___	une b ___ be

Exercices de consolidation
(périodes 1 à 3)

25 **Complète** les mots avec *en* ou *em*, puis **recopie** chaque mot en entier.

la t____ pête	la t____ pérature	le v____ tre
une ____ veloppe	le serp____ t	nov____ bre

26 **Complète** les mots avec *an* ou *am*, puis **recopie** chaque mot en entier.

la j____ be	une ____ bulance	le t____ bour
un dim____ che	le sav____ t	l____ cer

27 **Complète** les mots avec *an* ou *au*, puis **recopie** la phrase en entier.

Il s____ te du b____ c.

28 **Complète** les phrases avec les bons mots.

chaud	chou	• Il achète un ____ rouge.
autre	outre	• Je cherche une ____ route.
saute	soute	• Il ____ très haut.

29 **Complète** les mots avec *an* ou *ou*, puis **recopie** chaque phrase en entier.

- Tous les élèves sont en r______g.

- Il a mangé un b______t de sa saucisse.

- Ce tissu est d______x.

30 **Complète** les mots avec *oi* ou *a*, puis **recopie** chaque mot en entier.

un p______sson	une b______sson	un ch______meau
un p______nier	un mouch______r	un cr______ssant

31 **Complète** les mots avec *oi* ou *ai*, puis **recopie** chaque mot en entier.

le b______s	se t______re	une t______le
un bal______	la v______le	le l______t

Exercices de consolidation
(périodes 4 et 5)

32 **Complète** avec les bonnes syllabes, puis **recopie** dans ton cahier de classe.

fé	vé	• Il boit son ca______ avant de partir en ______lo.
fo	vo	• Le canari ______le au-dessus de la ______rêt.
fa	va	• Il a a______lé de la ______rine.
fou	vou	• Il ______lait couper du bois et il s'est ______lé trois doigts !

33 **Complète** avec les bonnes syllabes, puis **recopie** dans ton cahier de classe.

gue	ge	• La robe de Léa est trop lar______ et trop lon______.
guê	gê	• La ______pe qui vole dans la pièce me ______ne.
gui	gi	• Le ______de montre la ______rafe aux visiteurs du parc.
gui	gi	• Il lâche son ______don et a______te les mains en l'air.

34 **Complète** avec les bonnes lettres, puis **recopie** dans ton cahier de classe.

c	g	• Le ______anard nage.
gu	qu	• Je le vois ______i arrive.
c	g	• Il est déjà à la ______are.
qu	gu	• ______elle chance de jouer de la ______itare !

35 **Complète** les phrases avec les bons mots.

dans	doux	• Il est ______ comme un petit mouton.
banc	bout	• Il est au ______ de l'allée.
gant	gout	• Je ramasse mon ______.
tant	tout	• Elle a ______ réussi, je la félicite !

36 Classe les mots dans le tableau.

rasoir • chemise • penser • bonsoir • liste • poser • bisou • souper

s de serpent	s de maison

37 Complète avec les bonnes lettres, puis recopie dans ton cahier de classe.

gr | br • Ma ……… and-mère a le ……… as cassé.

fr | gr | tr • Il fait ……… ès ……… oid. Gabriel a mis son ……… os pull ……… is.

tr | fr | gr • Un ……… os ……… elon est en ……… é dans la cuisine.

fr | dr • Il a enca ……… é la photo de son ……… ère.

38 Complète les mots avec *in* ou *im*, puis recopie chaque mot en entier.

un t ……… bre	une v ……… gtaine	s ……… ple
………	………	………
un s ……… ge	il est mal ………	une t ……… bale
………	………	………

39 Complète chaque phrase avec le bon mot.

classe | chasse • Il part à la ……… avec son chien.

clé | chez • Ma copine n'est pas ……… elle.

cloque | choc • Il a une grosse ……… sur sa main brulée.

Exercices de consolidation
(périodes 4 et 5)

40 **Complète** avec les bonnes lettres, puis **recopie** dans ton cahier de classe.

pl	gl	• Je tire un trait avec une rè____ e ____ate.
pl	bl	• Ma gomme n'est ____us sur la ta____e.
bl	cl	• Où est ma ____é ? Elle n'est pas dans mon carta____e.
pl	fl	• La ____uie tombe ! Je saute dans les ____aques.

41 **Complète** avec *on, om, ou, an* ou *am*, puis **recopie** dans ton cahier de classe.

- Ma t____te a tr____vé son sav____ préféré d____s cette b____tique.
- Le sav____t s'est tr____pé dans son calcul.
- Dans son ch____p, il a pl____té du c____c____bre et du ch____.

42 **Complète** avec les bonnes syllabes, puis **recopie** dans ton cahier de classe.

çon	con	• On a ____duit le gar____ à l'infirmerie.
çu	cu	• Il a re____ un jeu de ____bes.
çan	can	• Il est tombé en se balan____t sur sa chaise à la ____tine.

43 **Classe** les mots dans le tableau.

• travailler • une grenouille • meilleur • une feuille • un maillot • mouiller
• le soleil • un chevreuil • une bataille • une groseille • un brouillon

ail / aille	eil / eille	ouil / ouille	euil / euille

44 **Complète avec les bonnes lettres.**

• *ail* ou *aille* ?	• *ouil* ou *ouille* ?	• *eil* ou *eille* ?	• *euil* ou *euille* ?
une méd______	une gren______	le rév______	une f______
le trav______	le fen______	une merv______	le faut______
le port______	une n______	la corb______	un chevr______

45 **Complète avec *ill*, *aill*, *ouill*, *euill* ou *eill*, puis recopie les phrases dans ton cahier de classe.**

- Vous trav______ez beaucoup.
- La f______ette poursuit le pap______on.
- Ce b______on est trop chaud.
- Essuie tes pieds sur le p______asson.
- En m'hab______ant, j'ai vu que ce m______ot était trop petit.

46 **Complète avec *er* ou *ier*, puis recopie chaque nom du métier en entier.**

un boulang______	un pâtiss______	un pomp______
______	______	______
un cuisin______	un bouch______	un jardin______
______	______	______

47 **Complète avec le bon mot.**

moi	moins	• Je rentre chez ______.
lion	loin	• Ne vois-tu pas un ______ ?
pois	point	• Quelques petits ______ sont tombés par terre.
quoi	coin	• Il m'a demandé ______ faire.

Crédits des illustrations :

Couverture et illustrations des aventures de Tyl : Dankerleroux
Autres illustrations : Claire Laffargue

IMPRIM'VERT®

Imprimé en France par Loire Offset Titoulet à Saint-Étienne
N° d'imprimeur : 2015010102 - Dépôt légal : mars 2015
N° d'édition : 70118316-01